Parents Conscients

L'Art d'élever les enfants nouveaux du 21ᵉ siècle

Parents Conscients

L'Art d'élever les enfants nouveaux du 21ᵉ siècle

AUGUSTE Patience

Droits réservés © AUGUSTE Patience, 2025.

Le Code de la propriété intellectuelle et artistique n'autorisant, aux termes des alinéas 2 et 3 de l'article L. 122-5, d'une part, que les "copies ou reproductions strictement réservées à l'usage privé du copiste et non destinées à une utilisation collective" "toute représentation ou reproduction intégrale, ou partielle, faite sans le consentement de l'auteur ou de ses ayants droit ou ayants cause, est illicite" (alinéa 1er de l'article L. 122-4). Cette représentation ou reproduction, par quelque procédé que ce soit, constituerait donc une contrefaçon sanctionnée par les articles L. 335-2 et suivants du Code de la propriété intellectuelle.

Édition : BoD · Books on Demand, 31 avenue Saint-Rémy, 57600 Forbach, bod@bod.fr
Impression : Libri Plureos GmbH, Friedensallee 273, 22763 Hamburg (Allemagne)

ISBN : 978-2-3226-3524-5

Dépôt légal : juin 2025

Je remercie et dédie ce livre à :

Mon fils Pierre, qui m'aide à grandir chaque jour,

Mon mari pour son soutien sans faille,

Ma belle-fille Claire et toute ma famille d'Europe et d'Afrique,

Tous les parents qui me font confiance pour l'éducation de leurs enfants,

Tous les enfants du monde entier,

Je vous aime !

PRÉFACE

Un phare dans la tempête éducative de la post-normalité !

À l'aube de la post-normalité[1], nos sociétés sont plongées dans un maelstrom d'incertitudes, de complexités, de chaos et de contradictions. Ce nouveau paradigme, loin d'épargner le domaine de l'éducation, confronte parents, éducateurs et politiques à des défis d'une ampleur inédite. Comment préparer nos enfants à un avenir dont les contours mêmes semblent se dérober sous nos pieds ? Comment leur inculquer les outils nécessaires pour naviguer dans un monde où les changements[2] rapides et imprévisibles sont la nouvelle norme, où l'ambiguïté[3] règne en maître, et où l'anxiété face à une instabilité globale palpable menace leur épanouissement ? La réponse, loin d'être univoque, réside indéniablement dans une transformation profonde de notre approche éducative, une évolution vers des méthodes plus flexibles, personnalisées et résolument axées sur le développement socio-émotionnel, comme le souligne à juste titre l'analyse des impacts de la post-normalité sur l'éducation. C'est dans ce contexte de remise en question des repères éducatifs traditionnels que l'ouvrage d'Auguste Patience,

---

[1] Décrit une époque, la nôtre, où le chaos, la complexité et les contradictions rendent les cadres traditionnels d'interprétation et de résolution de problèmes inefficaces ; y compris en matière d'éducation.
[2] Cas des crises sanitaires, technologiques ou climatiques.
[3] En référence notamment à la pensée critique, la résolution de problèmes complexes et l'adaptabilité.

« Parents Conscients », se dresse tel un phare, offrant une boussole précieuse pour les parents désireux de guider leurs enfants à travers les turbulences de ce 21e siècle naissant.

Ce livre n'est pas un manuel de recettes éducatives dépassées, mais bien un « guide de survie pour les parents du 21e siècle », une invitation pressante à « aider les parents à éveiller le parent conscient en eux et à élever leurs enfants dans un monde en pleine mutation », selon l'auteure. La pertinence de cet ouvrage ne saurait être sous-estimée, loin s'en faut, tant pour les politiques éducatives cherchant à refonder leurs approches face aux réalités nouvelles, que pour les établissements d'enseignement en quête de pédagogies innovantes, et pour l'ensemble des parties prenantes qui œuvrent au quotidien auprès de ces « enfants nouveaux », nés dans une ère de transition porteuse de valeurs inédites, selon le juste mot de l'auteure. La légitimité d'Auguste Patience à aborder ces questions cruciales ne repose pas uniquement sur une expertise théorique, mais aussi sur un parcours de vie riche et profondément humain. Son expérience personnelle, marquée par un héritage culturel où la « violence éducative était monnaie courante », constitue le point de départ d'une puissante introspection. Cette prise de conscience de l'impact destructeur de la violence sur son propre enfant a été le catalyseur d'une « démarche d'apprentissage et de remise en question » exemplaire. Son exploration des pédagogies[4] de Montessori et de Steiner témoigne d'une volonté forte de dépasser les

---

[4] Les pédagogies de Maria Montessori et de Rudolf Steiner placent singulièrement le respect de l'enfant et l'encouragement de son développement naturel au cœur de leur philosophie.

schémas éducatifs traditionnels et d'embrasser une approche plus éclairée et respectueuse. Son parcours professionnel dans la protection de l'enfance et son engagement auprès d'usagers en situation de handicap attestent d'une sensibilité aiguë aux besoins spécifiques de chaque enfant et d'une expertise éprouvée dans l'accompagnement de leur développement. Au-delà de son expérience personnelle et professionnelle, la profondeur spirituelle qui infuse l'ouvrage d'Auguste Patience constitue une dimension essentielle de sa richesse. L'auteure ne se contente pas de proposer des techniques éducatives ; elle invite à une réelle transformation intérieure, à un éveil de la conscience parentale.

Cette exploration des « liens complexes entre l'éducation, le développement spirituel et personnel, ainsi que la quête de sens » offre une perspective holistique indispensable à une éducation véritablement épanouissante. En insistant sur « l'importance de la spiritualité dans l'éducation des enfants » et sur le « rôle crucial du parent dans l'accompagnement de l'enfant », Auguste Patience rappelle opportunément que l'éducation ne se limite pas à la transmission de connaissances, mais qu'elle englobe également le développement moral, émotionnel et spirituel de l'enfant. Cette dimension spirituelle, loin d'être dogmatique, se traduit par une invitation à l'écoute, à l'empathie et à une connexion profonde avec l'enfant, reconnaissant en lui une âme en perpétuel devenir. La structure même de l'ouvrage, articulée autour de la compréhension des « nouveaux enfants » et de leur monde, des outils pour une éducation consciente au quotidien, et des stratégies de gestion des conflits, témoigne d'une approche pragmatique et complète. En mettant l'accent sur la compréhension du « développement physique et psycho-émotionnel » de l'enfant, de ses « besoins fondamentaux » et de l'importance des valeurs, l'auteure offre aux parents les clés pour décrypter les comportements de leurs enfants et adapter leur approche éducative en conséquence. Les conseils pratiques pour l'éducation au quotidien, y compris dans le contexte particulier de l'expatriation, enrichissent considérablement cet ouvrage. Enfin, les stratégies pour « gérer les conflits familiaux, en privilégiant la communication, l'empathie et une approche non-violente, tout en encourageant une réflexion sur l'héritage éducatif transgénérationnel », offrent des pistes concrètes et validées pour instaurer un climat familial serein et constructif.

Il est impératif que cet ouvrage remarquable, fruit d'une expérience personnelle poignante, d'une expertise professionnelle solide et d'une sagesse spirituelle active, soit mis entre les mains de tous les parents de notre tumultueuse époque. Dans cette ère de post-normalité où les certitudes s'effondrent et où l'incertitude règne, « Réveillez le parent conscient en vous ! » offre un chemin éclairé vers une parentalité plus consciente, plus aimante et plus efficace. Il nous rappelle que, face aux défis complexes de notre époque, la clé réside dans notre capacité à nous éveiller à nos propres potentialités parentales, à cultiver la bienveillance, la fermeté et l'harmonie dans nos foyers, afin de préparer au mieux nos enfants à un avenir incertain mais riche de possibilités. N'est-ce pas là le plus beau cadeau que nous puissions leur offrir ?

Dr Guy Gweth

Président du Centre africain de veille et d'intelligence économique (CAVIE)

Auteur de plusieurs ouvrages dont « Puissance 237 », publié en janvier 2025

SOMMAIRE

Préface 7

Lettre aux parents 15

PARTIE 1 : UN NOUVEAU MONDE, DE NOUVEAUX ENFANTS..19

   Chapitre 1 : Tout commence ici..................................... 21

   Chapitre 2 : Accueillir l'ère du Verseau : accompagner les âmes d'aujourd'hui 32

   Chapitre 3 : Qui sont les enfants nouveaux ? 41

PARTIE 2 : J'ÉDUQUE MON ENFANT................................*47*

   Chapitre 4 : On n'est jamais totalement prêt à être parent, mais on peut s'organiser ! 49

   Chapitre 5 : Comprendre son enfant : qui est mon enfant ? 57

   Chapitre 6 : Le développement de l'enfant....................... 68

   Chapitre 7 : Comprendre les besoins de l'enfant 75

   Chapitre 8 : Les valeurs.. 82

   Chapitre 9 : La spiritualité 86

   Chapitre 10 : Éduquer un enfant dans un pays étranger.. 99

PARTIE 3 : JE GÈRE LES CONFLITS *109*

   Chapitre 11 : La violence ne résout rien 111

   Chapitre 12 : Faire le point sur l'éducation transgénérationnelle reçue.. 116

   Chapitre 13 : Le parent est la solution ! 121

Chapitre 14 : Gérer les disputes et le manque de communication 128

Chapitre 15 : Gérer les conflits entre frères et sœurs 134

Chapitre 16 : Gérer l'enfant qui s'oppose 141

Chapitre 17 : Préserver la paix au sein de la famille et ANTICIPER ! 149

Conclusion *159*

Remerciements *163*

Bibliographie : *164*

À propos de l'auteure *165*

De la même auteure *167*

Coordonnées *168*

LETTRE AUX PARENTS

Chers parents, futurs parents et tous les adultes qui s'occupent des enfants, de près ou de loin, je tiens à vous féliciter de vous être procuré ce livre pour le bien de vos enfants. C'est un pas que vous faites vers un avenir harmonieux et équilibré avec votre famille...

Vous êtes exactement les parents dont vos enfants ont besoin, et vous pouvez être fiers de tout ce que vous faites déjà pour leur bien-être. Ce livre est un outil qui ouvre une autre dimension de l'être que l'on oublie très souvent dans l'éducation.

Vous allez apprendre de nouvelles choses et aussi, peut-être, confirmer celles que vous connaissez déjà. Vous avez sûrement, comme moi, remarqué que les méthodes éducatives du passé ne fonctionnent plus avec les enfants aujourd'hui. L'autorité sous toutes ses formes est en perte de vitesse.

Par exemple, asseoir son autorité avec des bastonnades, des cris ou d'autres maltraitances ne conduit qu'à une brève soumission avec beaucoup de peur, de souffrance, de traumatisme de l'enfant et du parent. À l'opposé, le laxisme conduit à une détresse psychologique et à des troubles du comportement de plus en plus profonds. Bref tout cela mène les enfants actuels à la révolte et à la colère. Le contraire de ce que nous voulons pour eux.

C'est normal, car ce n'est plus le même type d'enfants que par le passé. Ce qui convenait bien aux enfants d'autrefois ne convient plus actuellement. Ce n'est pas à cause de la télévision, des ordinateurs, de la technologie ou de l'indisponibilité des parents, même si tout cela y contribue grandement.

C'est juste que le monde change et que nous nous trouvons tous dans une période particulière de l'évolution de l'humanité. Lorsque j'ai eu cette information, ça a été une très bonne nouvelle pour moi et un grand soulagement.

Nous sommes en période de transition d'une époque à une autre. Tout ce que nous connaissons et qui était valable dans l'éducation ne marche plus du tout et nous n'avons pas encore les clés de l'éducation du futur. C'est pour cette raison que nous nous sentons parfois coupables, inconfortables, à bout de souffle, insécurisés dans notre attitude de parent. Cette position demande beaucoup de souplesse, de flexibilité, de remise en question dans nos habitudes éducatives. Cela demande beaucoup d'empathie et d'écoute de l'enfant qui est lui-même, maintenant, acteur de son éducation. Une écoute active avec le cœur pour l'accompagner à grandir en étant LUI-MÊME, en étant l'Être qu'il est vraiment !

Il n'existe pas un mode d'emploi de la parentalité et on n'apprend pas ça à l'école. Mais nous devons nous forger un état d'esprit d'ouverture à ce qui est nouveau pour continuer à apprendre, car être parent c'est aussi être en perpétuel apprentissage. Savoir que nous sommes des êtres imparfaits, incomplets et que notre état d'adulte ne nous mène pas automatiquement à la perfection et à la sagesse. Nous avons encore beaucoup à apprendre. Et nos enfants sont là pour nous aider à le faire.

Notre travail principal consiste donc à nous transformer et à construire cette sagesse tout au long de notre vie pour devenir les parents inspirants, conscients, que nous rêvons d'être pour eux.

Ensuite, notre travail de parent est de réfléchir à cette situation particulière. Nous devons trouver des outils, des conseils et tout ce qui peut aider nos enfants à vivre heureux et épanouis, tout en donnant un sens à leur expérience sur cette planète, notre bonheur en dépend !

Pour cela, nous avons un allié formidable qui est notre enfant lui-même, et ensemble, nous pouvons créer un nouveau futur, une vie pleine de sens, avec des valeurs que nous voulons voir présentes sur la terre.

Je vous remercie de tout mon cœur de faire le pas vers ce futur qui est déjà présent !

PARTIE 1 :
UN NOUVEAU MONDE,
DE NOUVEAUX ENFANTS

Chapitre 1 : Tout commence ici

« Être parent est un métier ! C'est le métier le plus merveilleux du monde parce qu'il nous fait participer à l'évolution de l'être humain, cela influence la marche du monde. »

Auguste Patience

Qu'est-ce qu'un parent veut le plus au monde pour son enfant ? Le bonheur, bien sûr !

Le parent aime, veut protéger, veut épargner les souffrances que lui-même a vécues à son enfant et même lui éviter toutes sortes de souffrances. Il veut le meilleur pour son enfant et il veut qu'il soit heureux. Même si nous savons tous que la conception du bonheur est propre à chacun, la recherche reste la même : nous voulons tous être heureux !

Mais qu'est-ce que le bonheur ?

Pour le définir simplement, on peut dire que le bonheur est l'absence ou la diminution de la souffrance physique, psychologique et psychique en vivant pleinement l'instant présent.

Considérons qu'à la naissance, l'enfant a la capacité de vivre l'instant présent. Il vit au présent, spontané, innocent, sans peur, sans soucis pour hier ou demain, dans ce domaine, les adultes peuvent apprendre de lui. On peut donc dire qu'un enfant sain à la naissance est déjà heureux lorsqu'il naît.

Mais qu'est-ce qui se passe entre sa naissance et l'âge adulte pour qu'il devienne : un enfant têtu, opposant, impoli, colérique, un adolescent insolent, agressif, incontrôlable, et un adulte malheureux ? Qu'est-ce qui se passe dans sa vie pendant ces années ? Qu'est-ce qui n'a pas fonctionné ? Quel est le chaînon qui relie toutes les étapes de son évolution ? Quelle est la clé du bonheur de notre enfant ?

Voici les questions auxquelles je m'efforcerai de répondre dans ce livre, ainsi qu'à d'autres encore. Ces questions m'ont toujours interpellé tout au long de ma vie et de mon parcours de parent et de mon cheminement professionnel comme éducatrice.

Née dans un pays d'Afrique centrale, j'ai grandi dans un environnement où le fouet était l'outil suprême, et le préféré des parents et des enseignants pour éduquer et instruire les enfants. Les uns et les autres manient cet outil avec dextérité comme des peintres et leurs pinceaux. Heureusement, dans ma famille, mes parents n'ont pas cédé au chantage de tous ceux qui glorifiaient ce type d'éducation violente.

Étant la fille unique d'une fratrie de cinq enfants, j'étais la princesse et ils n'ont jamais levé la main sur moi ni sur aucun de leurs enfants.

En fait, la croyance générale dans ce pays d'Afrique est : « taper, fouetter un enfant fait partie de la culture et de la tradition du pays ». J'ai grandi dans ce climat de « terrorisme éducatif » où les enfants ont peur de leurs géniteurs, et de tous les adultes autour d'eux. En effet, n'importe quel adulte avait le droit de « corriger par la violence » n'importe quel enfant à partir du moment où il estime qu'il a fait une bêtise.

C'est ainsi que les heures s'écoulaient avec en toile de fond des scènes de bastonnade et les cris comme musique d'ambiance. Du matin au soir, les cris des adultes, les bruits des coups et les pleurs des enfants remplissaient l'air. Notre voisin le plus proche trouvait toujours une raison de fouetter son fils de 9 ans à tout bout de champ. Tantôt c'était pour le réveiller le matin afin qu'il soit à l'heure à l'école, après parce qu'il a fait pipi au lit (énurésie), tantôt parce qu'il n'avait pas bien fait une des multiples tâches qu'il devait accomplir avant d'aller à l'école, après parce qu'il rentrait tard de l'école.

Apparemment tout le monde s'accommodait de cette situation.

Pour moi, c'était inadmissible ! Je me bouchais les oreilles, parfois, pour ne plus entendre tous ces cris et pleurs. J'ai grandi.

Le déclic s'est vraiment produit lorsque j'ai eu mon fils. Je devais faire quelque chose face à toute cette violence qui n'était pas reconnue comme telle. Mais quoi ?

J'étais apeurée. Je ne voulais pas que mon nouveau-né subisse ce type de traitement un jour. J'espérais qu'il ne grandisse pas dans ce contexte de violence banalisée.

Mais quelques années plus tard, dans ce contexte violent qui m'environnait, faute d'autres méthodes, j'ai voulu donner une fessée à mon fils. Je lui ai même donné quelques coups. Ce jour-là, j'étais dépassée par certains événements du quotidien et fatiguée. J'ai perdu patience pour une simple consigne que mon fils n'a pas respecté : « Ne cours pas avec le verre dans les mains. », j'ai répété plusieurs fois. Il a continué de courir et, évidemment, il est tombé et le verre s'est cassé.

D'abord, j'ai eu peur pour lui, ensuite, j'ai senti la colère monter en moi et me suis levée comme une furie pour aller l'attraper et lui donner des coups aux fesses. C'est le pire moment de ma vie !

En réponse à cela, il n'a pas du tout pleuré. Il s'est placé devant moi, m'a fixé droit dans les yeux et il a posé cette question : pourquoi m'as-tu fait venir au monde ? C'est pour ça ?

Je me suis arrêtée pendant quelques minutes pour réfléchir, et me suis rendue compte que j'étais impuissante face à mon fils. J'étais démunie ; je n'avais rien à dire pour répondre à sa question. Pourquoi j'ai fait cela alors que je suis contre ce genre d'agissement ? J'aurais pu agir autrement pour éviter cette situation...

Je voulais le taper parce que c'était juste une réaction face à mon impuissance ? C'est vrai que mon ego avait pris un coup face à la désobéissance de cet enfant et, pour essayer de reprendre le contrôle, j'ai usé de ma force d'adulte.

C'est à ce moment précis que mon besoin de comprendre ce qu'est la parentalité est né. J'ai eu besoin de comprendre qui était vraiment cet être que j'ai mis au monde et qui parlait face à moi dans cette situation.

C'est à cet instant que ma recherche de solutions concrètes, pour une éducation plus douce, bienveillante et positive, a vraiment commencé !

C'était un garçon remuant à 5-6,-7 ans, il ne tenait pas en place, limite hyperactif. Je ne connaissais pas les étapes du développement de l'enfant ni ses besoins pour comprendre que c'est normal à cet âge de ne pas tenir en place. Et je n'avais pas d'idées pour faire autrement.

Je crois que vous vous êtes déjà retrouvé dans des situations de ce type.

Qu'est-ce que vous auriez fait à ma place ?

En tant qu'adulte et parent, nous avons tendance à reprendre le contrôle en violentant physiquement son enfant, comme c'est le cas dans l'exemple ci-dessus, en le punissant, en lui criant dessus et toutes les autres variantes de maltraitance qui existent…

Tout ceci parce qu'on ignore certaines choses et que l'on continue d'appliquer des choses auxquelles on est habitué.

Comme dit un adage populaire : « l'ignorance est la mère de tous les vices »

Pour moi, ce n'était pas cohérent de faire subir ce genre de sévices à cet être si fragile que j'aime de tout mon être. Il fallait que je trouve une façon de faire autrement, des livres ou des méthodes sur l'éducation, mais c'était rare à cette époque au Cameroun.

J'ai commencé à interroger les anciens, j'ai observé la vie des pygmées qui n'avaient pas encore de contact avec la civilisation (communauté qui vit dans la forêt depuis toujours) sur : comment éduquer sans frapper ?

Ma mère me donnait des conseils tirés de son expérience, par exemple : avoir beaucoup de patience envers ses enfants, installer le dialogue et les écouter vraiment, car les enfants ont aussi beaucoup de choses à nous dire. Je trouvais son approche et ses conseils très pertinents et audacieux vu le contexte dans lequel on se trouvait.

Je voulais en savoir plus, creuser le sujet de façon scientifique, avoir une méthodologie et me former à une méthode.

J'ai entendu parler de Maria Montessori, médecin, philosophe, psychiatre italienne du 19e siècle, qui a beaucoup œuvré pour l'éducation ; puis de Steiner, philosophe, fondateur de l'anthroposophie et pédagogue du 19e siècle. Ce sont là des icônes qui ont posé un regard neuf sur les enfants en favorisant leur développement naturel ; en les respectant et en les aidant à développer leur potentiel. Tout ceci me fait rêver et me conforte dans le fait qu'on peut éduquer autrement nos enfants. Mais tous les livres et méthodes sont loin, et internet n'est pas encore aussi développé en Afrique. Je prends donc mon mal en patience en attendant le jour où je pourrai être en possession de ces outils.

En attendant, j'ai appliqué les conseils de ma mère, en évitant l'ingérence de la famille élargie (belle famille, oncles, tantes) dans l'éducation de mon enfant.

Et justement, il se trouve que le père de mon fils obtient une bourse d'études pour aller faire Médecine en Europe. Nous devions naturellement le rejoindre par regroupement familial.

Le moment du voyage arrive.

Je suis soulagée à l'arrivée parce que le fouet est interdit et que les enfants ont des droits !

Enfin, j'ai trouvé des livres et des formations sur l'éducation positive, consciente, l'approche de Maria Montessori, de Steiner, de Jan Van Rijckenborgh et beaucoup d'autres approches.

Tout cela m'a permis de comprendre la constitution, le fonctionnement de l'enfant et son développement. J'ai pu faire un vrai travail sur mes émotions pour ensuite aider l'enfant à réguler les siennes, cela m'a aidé à avoir une attitude parentale bienveillante pour instaurer un lien fort, de nouvelles habitudes et un espace ouvert à la communication avec mon fils. J'ai aussi pu apprendre à m'organiser, à structurer ma vie quotidienne et, surtout, à trouver le temps pour prendre soin de moi ; car, on ne peut prendre soin des autres que si on commence par soi-même.

Au départ, toutes ces recherches et formations servaient seulement à éduquer mon fils de façon bienveillante, ensuite c'est devenu mon métier après plusieurs autres formations. Il fallait que j'en fasse profiter à d'autres enfants, le plus largement possible. C'est aussi la raison d'être de ce livre et des autres déjà édités.

Aujourd'hui, mon expérience personnelle et professionnelle me permet d'avoir des outils pour pouvoir éduquer son enfant sans faire appel à la violence physique ni aux maltraitances psychologiques. Cette expérience me permet aussi, aujourd'hui, d'accompagner les parents vers une parentalité consciente, et c'est justement ce que je transmets dans ce livre et dans les formations.

Nous sommes au 21e siècle, et j'estime que les enfants actuels sont très différents des enfants de l'époque de nos grands-parents, il y a 100 ans. Ces différences ne sont pas causées par la décision d'un quelconque individu ou d'une certaine société. Mais ce sont les résultats d'un changement de siècle, d'un changement d'ère zodiacale, d'un changement des énergies qui touchent notre planète. Ce qui pousse à un changement de paradigme, donc une transformation de notre vision du monde et de la société. Donc aussi un changement des méthodes éducatives pour des enfants de ce nouveau monde.

On peut éduquer maintenant avec bienveillance et empathie, en même temps avec fermeté et discipline. Il existe beaucoup d'informations au sujet des enfants de ce siècle qu'on appelle aussi les enfants nouveaux, sur internet, et de nombreux livres en parlent, comme celui de Lise Bourbeau *Les 5 grands besoins des enfants nouveaux*.

Pour moi, être parent, c'est un métier ; mais ce n'est pas quelque chose qu'on apprend à l'école. On ne l'apprend pas non plus dans les livres, même si j'écris celui-ci. On apprend à être parent en le pratiquant directement dès que l'on a des enfants.

Par contre, c'est important à notre époque, d'avoir des informations et conseils pour mieux s'organiser et accompagner nos enfants du 21e siècle ; et surtout connaître qui ils sont vraiment.

C'est l'objectif de ce livre.

Le Verseau, comme son nom l'indique, est représenté par un être avec une cruche qui verse l'eau sur la terre. Ce sont des rayonnements qui se déversent actuellement sur notre planète et qui poussent l'humanité à une transformation radicale en passant par un démasquage de toutes les illusions et croyances erronées qui nous régissent depuis des siècles. Le Verseau apporte avec lui ses enfants, des êtres qui sont déjà adaptés aux impulsions du verseau et qui veulent vivre en cohérence avec elles. C'est pour cela qu'on les appelle « enfants nouveaux ». Toutes les races et tous les peuples sont confrontés à ce phénomène et devront accompagner ces énergies qui nous traversent.

Alors, si vous êtes un parent africain vivant en Afrique, ou un parent africain vivant dans la diaspora, c'est à vous que je m'adresse ici. Comme vous le savez, nous avons une culture assez particulière en ce qui concerne la relation entre les adultes, les parents et les enfants. C'est-à-dire qu'un enfant, en Afrique, doit toujours obéir aveuglément à ses parents ou aux autres adultes, il doit obéissance absolue à tous ses aînés sous peine de bastonnades ou autres sévices corporels et maltraitances psychologiques. Ce qui est tout le contraire de la nature et de l'essence même de l'enfant nouveau.

Je m'adresse aussi à tous les parents du monde, qui ont à cœur d'éduquer leurs enfants dans la bienveillance et la fermeté : vous êtes les bienvenus ! Vous trouverez des conseils et outils qui vous aideront dans votre vie parentale.

Je vais me permettre de te tutoyer dans les chapitres et pages qui suivent, pour que ce soit plus simple pour tous et que je puisse être plus à l'aise pour te parler de ce qui nous tient tous à cœur : l'éducation de nos enfants !

Dans ce livre, je te parle du Nouveau Monde qui est déjà là et des enfants nouveaux. Cette première partie va t'aider à mieux comprendre la cause principale des comportements actuels des enfants.

Ensuite ce sera la partie éducative avec le développement de l'enfant, ses besoins et surtout l'ingrédient le plus important, à mon sens, pour une parentalité consciente. S'il manque à l'équation, cela annule presque le résultat ou alors les conseils sont appliqués de façon mécanique et intellectuelle, sans la posture adéquate, et les enfants le sentent très rapidement, du coup, ça ne marche pas.

À la fin, j'évoque les raisons pour lesquelles les parents doivent éviter la violence et les maltraitances physiques, psychologiques. Comment gérer les conflits dans la fratrie et la place de chaque enfant dans la famille, et surtout la posture parentale, le travail à faire sur soi-même pour guérir ses propres blessures et conditionnements pour ne pas les transmettre aux enfants.

Tu ne trouveras pas de recettes magiques prêtes à l'emploi, mais une posture à adopter en tant que parent pour aider tes enfants à grandir de façon équilibrée. Une posture pour les aider à vivre avec leur temps.

Nous sommes responsables, en tant que parents et éducateurs, de l'avenir de nos petits, de l'avenir de la société entière, donc de l'humanité. C'est un grand défi et une tâche essentielle pour la marche du monde. Cela est une urgente nécessité !

Pour cela, l'éducation de l'enfant ne doit pas être un ensemble d'indications « à faire » ou à « ne pas faire », mais l'enfant doit être éduqué pour lui-même, pour son propre bénéfice et intérêt, et non pour la satisfaction des adultes et de leurs désirs.

La satisfaction est juste une conséquence positive à leurs actions et à leur attitude de vie tout au long de la vie avec les enfants. Le but étant que l'enfant devienne un adulte équilibré, épanoui, et maître de sa vie. Pour cela, l'accent doit être mis sur « l'éducation » plus que sur tout autre chose. Notre rôle est donc de défendre la noblesse de l'âme pure de l'enfant, en respectant les principes moraux et éthiques acquis d'une spiritualité élevée et vécue au quotidien. En fait, l'éducation au 21e siècle c'est : « s'élever pour pouvoir élever un enfant » !

En tant que parent, éducateur, enseignant, du 21e siècle, nous avons un travail d'acceptation à faire. Accepter que l'on ne sait pas tout, même si l'on est adulte, accepter que l'enfant est un autre être, différent de nous, et qu'il n'est pas là pour réaliser nos désirs et nos rêves déchus, qu'il peut avoir des choses à dire, accepter ses propres émotions, accepter d'apprendre et réapprendre encore et toujours…

Nous saurons ensuite que chaque enfant est unique et vient à la vie avec et pour sa propre expérience.

Accompagner un être humain à grandir et le voir heureux, épanoui dans sa vie est une sacrée aventure et une aventure sacrée !

Et ce voyage commence ici et maintenant !

Chapitre 2 : Accueillir l'ère du Verseau : accompagner les âmes d'aujourd'hui

Dans ce chapitre, je pose d'abord le décor et le cadre dans lequel nous allons travailler.

Tu as certainement déjà entendu parler de l'ère du Verseau et de ses effets. Sinon, cela ne saurait tarder...

Généralement, chacun connaît son propre signe astrologique. Tu connais aussi l'existence des douze signes du zodiaque. Pour mieux comprendre l'Ère du Verseau dont nous parlons ici, je vais te donner une vision globale de ces signes du zodiaque et comment ils fonctionnent ensemble.

J'ai toujours été intéressée par l'astronomie : le soleil, les planètes qui nous entourent, les étoiles, le zodiaque, les galaxies et leurs mouvements dans l'espace. Parce qu'au fond de moi, depuis toute petite, je sais que tout cela influence et agit sur la vie de chaque être humain.

En astrologie, on admet que douze sphères d'influence correspondant chacune à un signe du zodiaque entourent notre système solaire.

Ces sphères sont des récepteurs des courants d'énergie provenant de l'univers entier. Ces courants d'énergie parviennent à notre système solaire et atteignent notre planète.

La Terre et l'humanité sont donc soumises à des influences zodiacales qui changent périodiquement.

Le point vernal (point de croisement de l'équateur céleste et de l'écliptique que le soleil traverse), dans son mouvement de recul apparent sur l'écliptique, passe d'un signe du zodiaque à un autre, et fait le tour du zodiaque en une période d'environ 26 000 ans. L'Homme connaît un peu son histoire que depuis l'ère du Taureau avec la civilisation égyptienne, suivi de l'ère du Bélier avec la civilisation grecque ; puis l'ère des Poissons avec la civilisation occidentale, actuellement vers sa fin.

C'est ainsi que quelque chose se passe dans l'air, dans l'atmosphère, avec les planètes, le zodiaque, dans le cosmos actuellement, avec cette migration vers une nouvelle ère... Même si nous ne remarquons pas encore les effets concrets dans notre vie quotidienne !

Voilà l'environnement dans lequel nos enfants naissent et c'est dans cette atmosphère que nous devons les élever. Tu comprends pourquoi ton enfant est différent.

Ce n'est donc pas une affaire entre toi et moi, ton enfant et toi, ou ton voisin et ses enfants non ! C'est un changement d'ère zodiacale. C'est-à-dire que, la terre est entourée de douze signes du Zodiaque cités en désordre : Bélier, Lion, Gémeaux, Vierge, Verseau, Taureau, Poissons, Scorpion, Cancer, Capricorne, Sagittaire, Balance. Chaque signe correspond à une ère qui dure environ 2 160 ans. À présent, au 21e siècle, c'est l'ère des Poissons qui migre vers l'ère du Verseau c'est-à-dire qu'à l'heure actuelle, nous sommes en pleine transition : un mélange de deux Ères. Ce qui cause beaucoup de confusion en nous-mêmes, autour de nous et dans la société entière.

L'ère des Poissons est caractérisée par l'individualité devenue l'individualisme, l'égocentrisme, l'idéalisme, la notion de sacrifice... C'est une ère pendant laquelle l'Homme a fait l'expérience des ténèbres en approfondissant la matière. Mais, en ce moment, l'Homme découvre que posséder la matière ou être possédé par elle, ne guérit pas de la nostalgie spirituelle qui le ronge. Il désire la Lumière, maintenant que le soleil s'éloigne de l'énergie des Poissons et entre dans l'ère du Verseau !

Cette nouvelle ère se caractérise par la liberté, l'unité, l'Amour, la Vérité, la justice, le nouveau. Ces valeurs ou vertus caractérisent les enfants d'aujourd'hui qui défient l'autorité, cherchent la vérité et la justice. Nous voyons déjà les effets du Verseau, avec le démasquage et tous les changements en cours dans le monde en ce moment. Comme celui de la reconnaissance de la souffrance animale, les révélations de tout genre de scandales politiques et financiers, éthiques, rapports de force géopolitiques qui changent, perte de repères, chaos et de plus en plus, un grand besoin de spiritualité.

Chaque ère apporte des forces et des énergies uniques qui influencent profondément l'âme humaine et orientent l'humanité vers un but précis. Que nous en soyons conscients ou non, nous sommes imprégnés de ces rayonnements, émanant du système solaire, du zodiaque et des constellations. Ces puissantes énergies cosmiques façonnent notre existence, bien que leur influence reste souvent ignorée, faute d'être enseignée dans notre éducation ou notre culture quotidienne (école, métier, TV).

Notre existence entière est influencée par les impulsions et les exigences de ces forces. Lorsque ces rayonnements touchent notre planète, tout se transforme : mentalités, comportements, conscience, nouvelles générations, et bien d'autres aspects de la vie. Il est impératif pour nous de décoder et de comprendre le message porté par ces rayonnements, notamment ceux liés à l'ère du Verseau. En les intégrant dans notre quotidien, nous pourrons vivre en harmonie avec cette nouvelle phase de transformation.

Les nouvelles générations d'enfants portent déjà cette énergie nouvelle et ses valeurs dès la naissance. Ils évoluent avec elles, c'est en cela qu'ils sont différents. Par conséquent, on ne peut plus leur appliquer les méthodes éducatives pratiquées le siècle dernier…

Ce sont des enfants d'aujourd'hui, profondément nouveaux, avec des caractéristiques, des comportements inédits, et, surtout, une structure psychique radicalement différente.

Quelles sont les exigences de cette ère du Verseau ? Me demanderas-tu ?

Je vais en énumérer quelques-unes, et si le sujet t'intéresse, tu pourras approfondir tes recherches sur internet ou dans d'autres ouvrages. Dans le cadre de ce livre, je ne peux pas explorer ce sujet en détail, car cela nous détournerait de notre thème principal.

En résumé, les impulsions et exigences de l'ère du Verseau se traduisent notamment par les éléments suivants.

★ Le déclin des valeurs et conventions véhiculées par les générations précédentes et refus des fausses valeurs. En particulier : l'égocentrisme, l'individualisme, le matérialisme, la compétition et la concurrence, la lutte pour la survie, l'autoritarisme, la violence et la maltraitance.

- ★ Une remise en question de la hiérarchie et de l'autorité. Chacun aspire à une société égalitaire et juste dans laquelle règne la coopération, la collaboration. Que ce soit dans les relations parents-enfants, hommes-femmes ou employeurs-employés.
- ★ Une prise de conscience d'une réalité plus subtile et spirituelle : J'aimerais noter que la spiritualité, qui est un processus de transformation intérieure et de transmutation de l'humain au divin au quotidien, est différente de la religion, qui est croyance en quelque chose d'extérieur qui vient sauver automatiquement l'humain qui y croit. Les énergies du Verseau nous obligent à nous souvenir de notre filiation divine. Dans ce sens les propos de Malraux sont très actuels et visionnaires « Le 21e siècle sera spirituel ou ne sera pas. »
- ★ Cultivez la souplesse et le lâcher-prise, car la vie est un mouvement perpétuel. Rester en mouvement, c'est rester vivant, vigilant, intelligent. Les repères rigides du passé doivent s'écrouler pour apprendre à faire confiance à la vie et à se détacher de la matière qui nous plonge dans l'oubli de notre véritable identité spirituelle. Ne plus s'attacher ni s'identifier aux biens matériels, aux croyances, aux connaissances que nous possédons.
- ★ Le mensonge révélé : de plus en plus de mensonges sont dévoilés dans tous les domaines : santé, découvertes scientifiques, histoire, religion, etc. Les illusions que l'on porte vis-à-vis de nous-mêmes et toutes nos croyances sur la vie et la mort s'écroulent, comme si on se réveillait d'un profond sommeil pour commencer à voir la vérité en face.

- ★ Cohérence et congruence. Nous vivons dans une société qui est totalement incohérente : « fais ce que je dis, mais ne regarde pas ce que je fais ». Les adultes sont habitués à cette incohérence dans leur vie.

  Quand mon fils était plus jeune, il me disait, par exemple : « pourquoi me demandes-tu de me taire alors que toi, tu continues de parler ? » À cela, je n'avais aucune vraie réponse, seulement les excuses toutes faites des adultes, convaincus qu'ils ont le droit d'enfreindre les règles parce que ce qu'ils ont à dire semble plus important. Alors je répondais : « Parce que je suis une grande personne. » Ce n'était pas une réponse satisfaisante pour mon fils évidemment.

  Les nouvelles énergies, quant à elles, poussent vers un alignement entre parole et acte.

  La personne congruente, cohérente, dit ce qu'elle pense, ce qu'elle ressent, et fait ce qu'elle dit. Les actions et le comportement doivent correspondre au discours et aux mots. Actuellement, nous ressentons le besoin de mettre en adéquation ce que l'on pense, ce que l'on dit avec ce que l'on fait.

- ★ La progression de l'authenticité profonde. Dans la société que nous connaissons, être différent, original est mal vu, on fait tout pour gommer les différences et on marginalise les atypiques. Les nouvelles énergies ouvriront la voie à une pleine expression de soi et à une écoute profonde de sa véritable nature.

Apprenons à nous respecter et à nous accepter tels que nous sommes, afin d'inspirer nos enfants. Pour la simple et bonne raison qu'en réalité, ils ne cherchent pas des parents parfaits, mais des adultes responsables, sur qui ils peuvent compter pour les guider dans la gestion des situations auxquelles ils font face au fil de leur vie.

Après avoir parlé de tout ceci à une amie, elle m'a posé ces questions :

Pourrais-tu trouver quelque chose de plus logique pour les lecteurs ? Comment va-t-on devoir s'adapter à cette ère du Verseau ?

J'imagine que le mot logique ici veut dire : raisonnable, rationnel. Je comprends que tout ce qui est dit ci-dessus puisse paraître absurde pour un esprit cartésien. Mais cela n'empêche pas l'existence de ces phénomènes, car ce n'est pas parce que l'on ne sait pas quelque chose que ça n'existe pas. Des phénomènes naturels existent et se manifestent malgré nous. Par exemple, la terre tourne autour du soleil, mais on n'en a absolument pas conscience. Que l'on y croit ou non ne va pas arrêter ce mouvement.

Quand je parle de ce que demande (exigences) les forces du Verseau, c'est pour que les personnes (parents) s'y adaptent par un réveil spirituel qui change la conscience, en lâchant l'autoritarisme et le terrorisme éducatif, en recherchant la vérité, la cohérence, le lâcher prise, une remise en question des croyances et transmissions générationnelles ; puis une connaissance aiguë des phénomènes et lois universelles. Voilà les qualités d'un parent du 21e siècle !

Sinon, on verra de plus en plus de personnes en burn-out (parental), de dépression, de troubles psychologiques, troubles de l'opposition, et tout type de troubles chez les parents et les enfants.

Le simple fait d'avoir cette information ouvre l'esprit, la réflexion élargit les horizons et ton comportement change. Tu vas prendre du recul pour chaque situation du quotidien et donner plus d'espace à ton enfant. Tu n'auras plus le nez sur le guidon. Tu pourras vraiment déceler ce qui est prioritaire et essentiel dans ta vie, et donc celle de ton enfant.

Après, le « Comment », c'est à chacun de trouver sa propre voie et les outils qui vont l'aider à acquérir ces valeurs du Verseau. Là aussi, il n'y a pas de recette ni de notice auxquelles on est habitué dans la vie courante. Là-dessus, personne ne pourra vous dicter le mode d'emploi à suivre ! C'est de la responsabilité de chacun de trouver ce qu'il faut en écoutant son cœur (exigence du Verseau).

Les valeurs du Verseau incarnent la fraternité, l'équité, la solidarité, la vérité et la justice sociale. Elles sont renforcées par le vent de la liberté qui va de pair avec la responsabilité et la créativité.

À la suite de cette réflexion, il est évident pour nous tous que nos enfants reflètent pleinement l'esprit de leur époque. Ils sont l'incarnation même de l'ensemble de ces critères. Mais les parents, les adultes (éducateurs) continuent à appliquer les méthodes de l'ancienne ère qui tend à disparaître.

Le monde tel que nous le connaissons agit comme un carcan qui oppresse les enfants dits « nouveaux ». Pour eux, la scolarisation peut devenir une expérience difficile, souvent inadéquate. C'est ainsi que le phénomène de décrochage scolaire, de plus en plus fréquent, prend de l'ampleur. Ces enfants ne s'adaptent pas à nos cadres sociaux et moraux. Au contraire, ils les questionnent, ébranlant nos vieilles certitudes pour nous inviter à les remettre en question.

Mais alors, qui sont vraiment ces enfants nouveaux ?

Chapitre 3 : Qui sont les enfants nouveaux ?

Tout d'abord, je dirais que les enfants d'aujourd'hui ne sont plus ce qu'ils étaient, comme le disent souvent les grands-parents. Par exemple : maintenant les enfants répondent à leurs parents, n'obéissent plus aveuglément, ils veulent qu'on leur explique les choses. Ils défient l'autorité, ce qui n'était pas du tout le cas à l'époque de mes grands-parents.

Une vague d'enfants au comportement atypique et surprenant fait son apparition sur notre planète. Ces enfants ne sont pas simplement difficiles, rebelles, ou désobéissants ; ils fonctionnent différemment. Ils possèdent des dons particuliers, comme la clairvoyance, une sensibilité accrue, et une structure intérieure unique. Ils représentent une nouvelle forme d'humanité que les adultes peinent encore à comprendre.

À des degrés divers, ces enfants se manifestent de manière variée selon les environnements dans lesquels ils grandissent. Les parents, éducateurs et enseignants se retrouvent désemparés, car ce phénomène les pousse à réévaluer et à adapter les méthodes éducatives traditionnelles.

En France, par exemple, de nombreux parents consultent des pédopsychiatres pour essayer de comprendre ce qui se passe dans la tête de leurs enfants. Très souvent la médecine classe les comportements et attitudes de certains de ces enfants comme maladies mentales. D'ailleurs, 13 % d'enfants de 6-11 ans, en France, présentent un trouble de santé mentale selon l'agence nationale de santé publique. La seule réponse que la société propose est médicamenteuse. Ces enfants sont alors muselés par des psychotropes.

Et ailleurs, dans d'autres continents, comme par exemple en Afrique, plus précisément au Cameroun, ces enfants sont muselés par toutes sortes de violences et maltraitances. Ces dernières sont acceptées par toute la société, qui considère la violence physique comme un outil éducatif. Ce que confirme une enquête de l'ONG EMIDA financée par l'Unicef en 2002 : au Cameroun, 90 % d'enfants sont battus à la maison et 96 % à l'école.

Et pourtant, un enfant est avant tout une âme.

Il est admis que chaque être humain possède une âme, que je nomme « étincelle divine » ou « perle de Lumière ». Une étincelle qui sait, au plus profond d'elle-même, ce qu'elle est venue accomplir sur cette terre. Ainsi, chaque être humain porte en lui ce potentiel intérieur depuis toujours, bien qu'il ait tendance à l'oublier en grandissant. Cependant, les enfants d'aujourd'hui ne l'oublient pas : ils restent connectés à ce potentiel invisible.

C'est pour cette raison qu'ils sont hypersensibles, clairvoyants, matures, éveillés et sont en contact avec le monde subtil.

C'est aussi pour cela que leur sensibilité et leur perception sont extraordinaires. Ils possèdent un esprit vif qui leur permet de démasquer les incohérences, les injustices, les mensonges et les illusions de notre monde, auxquels ils refusent de se conformer.

C'est pourquoi ils ont besoin de davantage d'amour, d'acceptation pour ce qu'ils sont, et de respect pour leur être. Ils ont également besoin de règles claires et, surtout, d'une explication sur le sens de leur existence. Plus encore, il est essentiel qu'ils intègrent la spiritualité dans leur vie, en trouvant du sens à chaque chose, car leur âme est avide de nourriture spirituelle.

Les enfants nouveaux possèdent une intelligence remarquable, comme nous l'avons vu précédemment. De ce fait, ils ne se laissent ni intimider ni manipuler par les adultes. Ils refusent le chantage et opposent une résistance ferme lorsque l'adulte tente de les contrôler. Et s'ils sont confrontés à la violence ou à la menace, leur résistance est encore plus forte.

Quand mon fils était encore petit et que je lui faisais des reproches, par exemple, il m'écoutait attentivement, me regardant dans les yeux. Puis, après un moment, il me demandait calmement : « je peux partir maintenant ? » Cela m'énervait davantage. À cette époque, je n'avais aucune connaissance sur l'éducation ni sur les enfants nouveaux.

Ils ne ressentent aucune culpabilité parce qu'ils savent que chacun est responsable de son état émotionnel, de sa vie et donc des conséquences de ses choix. Par exemple, ils ne sont pas du tout touchés quand un parent dit : « je souffre pour t'élever, pour subvenir à tes besoins, et voilà comment tu me remercies ? » Combien de fois j'ai entendu des parents le dire, en Afrique, quand un enfant ne voulait pas obéir aveuglément ! L'enfant ne réagit pas dans ce cas parce qu'il sait, au fond de lui que c'est le devoir du parent de subvenir aux besoins de son enfant. Donc, il ne comprend même pas pourquoi on évoque ce sujet et ne cède pas au chantage.

Avec cette force, cette puissance psychologique innée, les enfants nouveaux sont précoces. Il n'est pas rare de voir un enfant de 4-5 ans parler comme s'il est déjà un adulte. L'adolescence commence de plus en plus tôt : on observe des enfants de 11 ou 12 ans adopter des comportements typiques des adolescents, tandis que certains adolescents se comportent déjà comme des adultes. Ils montrent une maturité précoce et donnent souvent l'impression de tout savoir. De plus, ils excellent dans l'utilisation des nouvelles technologies.

L'essentiel des enfants nouveaux

Ce sont des enfants atypiques, intuitifs, sensibles, avec des capacités extrasensorielles, qui se sentent en décalage avec les autres (famille, amis, école). Ils ont souvent une enfance difficile parce qu'ils ne sont pas compris. Ils vivent cette période comme un calvaire, parce qu'ils recherchent du sens, de la profondeur. Et surtout, ils sont connectés à un monde intérieur, riche, vaste, invisible et découvrent au fur et à mesure que ce n'est pas le cas de tout le monde. Ils sont traversés par des énergies qu'ils ne peuvent pas maîtriser et sont en contact avec un monde inhabituel. Ils ne trouvent souvent personne pour les aider, les écouter, leur parler et poser les mots sur ce qu'ils vivent ; ils se retrouvent donc souvent dans une profonde solitude et souffrance. Ils se sentent très seuls et les parents sont généralement très démunis face à cette situation qu'ils ne comprennent pas eux-mêmes.

Élever ces enfants est un grand privilège, car ils nous poussent à évoluer vers la véritable vie et l'amour inconditionnel. C'est à nous, les adultes, de trouver la clé pour communiquer avec eux et leur enseigner la discipline, en particulier l'autodiscipline, de manière bienveillante.

Le grand défi actuel est donc de se demander comment accompagner ces enfants qui ont conscience d'autres dimensions.

C'est un grand défi pour tous parce que, d'une part, les adultes se sont beaucoup adaptés au monde matérialiste et pensent que c'est le réel. Ils ont oublié d'où ils viennent et ce qu'ils sont venus faire sur cette planète. Ils se sont complètement perdus dans la matière qu'ils ont prise en adoration, sauf peut-être quelques-uns. Et d'autre part, les enfants qui arrivent avec la conscience et leur âme encore branchées sur d'autres dimensions de la vie. Des enfants qui, eux, n'ont pas encore oublié et ne le peuvent même pas parce que c'est leur rôle de rappeler l'existence de ces autres dimensions.

Alors, deux mondes cohabitent ici et s'affrontent. Ces mondes ne se comprennent pas ! Mais comment les concilier en sachant que l'enfant a besoin qu'on le guide sur cette planète sans perdre sa véritable nature, son âme ? Voilà l'enjeu de ce siècle !

En tant que parent/éducateur, il est d'une urgente nécessité d'incarner les valeurs de ce nouveau siècle. C'est une urgence de santé publique de comprendre cet enjeu, de chercher les outils et moyens de se transformer soi-même pour retrouver la connexion au divin, et pouvoir comprendre, accompagner ces enfants nouveaux de manière sereine et harmonieuse, pour leur épanouissement et celui de tous.

Voyons maintenant ce qu'il est possible de faire pour cela, dans les chapitres suivants.

« La meilleure éducation, c'est d'aider l'enfant à se développer lui-même. Il doit être son propre éducateur, et les parents n'ont qu'un rôle : écarter les obstacles de son chemin ! »

Sagesse des Asyas (Cameroun)

PARTIE 2 :
J'ÉDUQUE MON ENFANT

Chapitre 4 : On n'est jamais totalement prêt à être parent, mais on peut s'organiser !

Devenir parent est presque un besoin naturel chez chaque être humain. Dès leur plus jeune âge, les enfants jouent à « faire le papa et la maman » et imitent avec soin les comportements des adultes dans ce domaine. Ils grandissent avec cette idée qu'eux aussi, un jour, auront des enfants lorsqu'ils seront grands.

En Afrique, c'est comme une obligation sociale de devenir parent. Il n'y a qu'à observer comment on traite les couples sans enfants et surtout les femmes stériles. À une certaine époque, les jeunes filles étaient mariées dès le plus jeune âge 14-15 ans et faisaient automatiquement des enfants sans y être préparées. Dans les sociétés traditionnelles africaines, la communauté jouait un rôle central dans l'éducation des enfants. La famille élargie offrait un cadre parfaitement adapté à leur développement, bien au-delà des limites de la famille nucléaire telle que nous la connaissons aujourd'hui dans les sociétés modernes. Dès sa naissance, l'enfant était intégré dans cette famille élargie et pris en charge très tôt par la fratrie ainsi que par l'ensemble de la communauté qui palliait à une éventuelle défaillance du parent. Cela lui conférait un sentiment profond d'appartenance au groupe. Comme le résume si bien ce proverbe : « L'enfant n'est l'enfant de personne, il est celui de tous. » Ou encore : « Il faut tout un village pour élever un enfant. »

De nos jours, les parents planifient l'arrivée d'un enfant en se préparant à tous les niveaux : matériel, en se procurant tout le nécessaire pour le bébé dès sa naissance (la layette) ; médical, avec les visites chez le médecin, les examens ; psychologique, en se préparant à l'accouchement à travers diverses méthodes et lectures. On pense être prêts, jusqu'au jour de la naissance du bébé.

C'est vraiment au moment de la naissance qu'on prend véritablement conscience que notre vie a basculé et que rien ne sera plus jamais pareil, surtout lorsqu'il s'agit de notre premier enfant.

J'ai ressenti tout cela lorsque j'ai eu mon fils : un mélange de joie, de curiosité et d'appréhension, pour cet être qui sortait de mes entrailles et que, en même temps, je ne connaissais pas encore. Est-ce que je serai à la hauteur ?

Heureusement pour moi, lors de l'accouchement et plusieurs mois après la naissance de mon bébé, j'ai été très entourée et soutenue par l'ensemble de ma famille : frères, parents, grands-parents, oncles, tantes, cousines qui avaient déjà des enfants.

En fait, le jour de la naissance marque le début de l'apprentissage pratique qui va durer un certain nombre d'années. Tu découvres ton nouveau-né, tes journées et tes nuits ne sont plus comme avant. Il faut tenir compte d'un autre être que tu ne connais pas encore et qui est extrêmement fragile. Comment le porter, lui donner son bain, deviner quand il a faim, quand il est malade… Tu as beau avoir lu tous les livres, suivi les préparations à l'accouchement et autres conseils, rien ne remplace l'expérience vécue avec ton bébé, jour après jour, en observant ses réactions.

En fait, être prêt, ce n'est pas être parfait !

Ceci est très important et rassurant quand on devient parent, parce que, souvent, la pression pour être « parfait » peut être écrasante. Alors que la perfection n'est pas de ce monde et que personne n'est parfait. Quand tu le comprends, une bonne partie de la charge mentale s'écroule. Cela veut dire que tu acceptes ton imperfection et l'assumes, car le parent parfait n'existe pas et surtout que chaque parent fait des erreurs, donc toi aussi.

Être prêt c'est donc être disposé à apprendre sans cesse, à grandir avec ton enfant, en t'adaptant à ses besoins.

Il est donc inutile de se mettre trop de pression ou de vouloir être perfectionniste. Le parent évolue avec l'enfant au fil des différentes étapes de son développement. Tout vient par l'expérience !

Et encore... Pas vraiment tout, car chaque enfant est unique. Même avec un troisième ou quatrième enfant, il y a toujours quelque chose à apprendre. Il y aura des moments difficiles, des hauts et des bas, mais au final, c'est la joie qui l'emporte. Il suffit de lâcher prise, de se fier à son instinct parental et d'ignorer le regard des autres.

Il est essentiel d'avoir confiance en soi et de ne pas tenter d'imiter les modèles des autres, car il n'y a pas de famille « modèle » : chacune a ses défis, ses failles et ses valeurs. Cette confiance est d'autant plus cruciale aujourd'hui, car les enfants ont besoin de piliers solides sur lesquels ils peuvent s'appuyer et qui les inspirent. Ces piliers solides sont des phares au milieu du chaos des influences négatives (réseaux sociaux, amitiés toxiques, écrans, TV, etc.) de toutes sortes qui les submergent.

Très souvent, le parent se contente de regarder la surface des conflits en disant : « Mon enfant n'écoute pas », « Il fait des caprices » ou encore « Le Noir ne comprend qu'avec le fouet », alors qu'il y a bien plus. Derrière ces comportements se cachent très souvent des besoins non satisfaits.

Le parent du 21e siècle est donc appelé à aller à la racine pour comprendre ces comportements, car au cœur de chaque problématique, il y a deux éléments qui interviennent : d'une part, le parent avec ses réactions, ses besoins, et d'autre part, l'enfant avec ses comportements inadaptés et ses besoins. Si le parent parvient à comprendre ce qui se joue ici, il pourra instaurer la paix, la bienveillance et la joie au sein de sa famille.

Le 21e siècle est particulier, en ce sens que les enfants d'aujourd'hui ne sont plus du tout les mêmes que ceux des 19e et 20e siècles. Non seulement la manière de considérer l'enfant a évolué, mais aussi les rayonnements qui influencent notre planète ont changé, entraînant de grands bouleversements dans le comportement de ces enfants. Tout est en mutation, et la manière d'éduquer l'est également. Et qui dit enfants différents, dit parents différents et méthodes différentes.

Mais pour pouvoir incarner ce nouveau type de parent, il est essentiel de revenir aux bases : comprendre les rôles fondamentaux de chaque parent.

Le rôle de la mère

La mère est une figure essentielle dans la vie d'un enfant. D'abord parce qu'elle le porte en elle pendant plusieurs mois, ensuite parce qu'elle observe, ressent et vit les changements de son propre corps et de celui du bébé. Elle veille, nourrit, soigne, réconforte et console l'enfant, tout en lui apprenant à ressentir et à exprimer ses émotions et ses sentiments. Elle soutient également le père dans son rôle d'accompagnement vers l'autonomisation de l'enfant.

La mère est souvent la première à répondre aux besoins émotionnels et physiques de l'enfant. Elle apprend à décoder les signaux de son bébé, qu'il s'agisse de pleurs, de sourires ou de gestes. C'est elle qui berce le bébé quand il pleure. En Afrique, par exemple, dans les villages, les mamans portent leurs enfants au dos pendant des heures et vaquent à leurs occupations, dès que bébé pleure, la maman chante une berceuse. Ce qui permet aux enfants d'avoir une grande sécurité affective.

Cette présence attentive permet à l'enfant de se sentir compris, sécurisé. Elle installe un lien affectif et un attachement émotionnel fort dans la famille. C'est le ciment qui tient les « briques familiales » ou membres de la famille ensemble.

Elle nourrit et soigne au quotidien (allaitement, alimentation, soins quotidiens). Elle régule aussi les émotions de l'enfant, en le réconfortant lorsqu'il est en détresse et en le rassurant dans les moments de peur ou d'angoisse. Cette capacité à accueillir et apaiser les émotions est essentielle pour l'adaptation sociale de l'enfant, plus tard dans la vie.

C'est un modèle féminin pour ses filles : elles suivront inconsciemment son exemple à l'âge adulte ou au contraire, son opposé. Pour ses garçons, elle sera un modèle pour le choix de leurs partenaires.

La mère enseigne des valeurs et compétences sociales :

- Transmission des valeurs familiales : La mère est souvent responsable de l'enseignement des valeurs fondamentales, telles que la compassion, l'empathie, la politesse, le respect des autres, etc. Ces valeurs servent de base pour le développement moral et éthique de l'enfant.

- Éveil intellectuel : Dans de nombreux cas, la mère initie son enfant aux premières étapes des apprentissages, comme la lecture, l'écriture et le langage. Elle encourage la curiosité et aide à stimuler le développement intellectuel de l'enfant en créant un environnement propice à l'apprentissage.

- Soutien psychologique dans les moments difficiles : Lors des moments difficiles ou de crise, que ce soit pour l'enfant ou pour la famille, la mère est souvent celle qui joue un rôle clé.

Elle offre une stabilité affective en contribuant à créer un environnement émotionnel stable, calme et sûr pour l'enfant. Cet équilibre affectif est fondamental pour que l'enfant puisse se sentir bien dans sa peau et développer un sentiment de sécurité. Un enfant qui reçoit ce type de soutien est plus à même d'affronter les défis de la vie avec confiance.

Le rôle de la mère est essentiel et multiforme.

Il est important de souligner que les rôles de parent sont aujourd'hui de plus en plus partagés et complémentaires entre la mère et le père. Toutefois, l'investissement émotionnel, affectif et éducatif de la mère reste une part très importante dans le développement de l'enfant.

Le rôle du père

Le rôle du père est crucial dans le développement de l'autonomie de l'enfant. Il stimule l'enfant, l'aide à faire face aux obstacles de la vie et à passer à l'action. Il apporte également une structure et soutient la mère dans son rôle nourricier.

Le rôle spécifique du père est essentiel et a évolué au fil des années. Traditionnellement, les pères étaient perçus principalement comme les pourvoyeurs et les protecteurs de la famille. Cependant, aujourd'hui, la notion de parentalité est beaucoup plus fluide, et les pères jouent un rôle beaucoup plus impliqué dans l'éducation, l'affection et le développement de leurs enfants. Voici quelques aspects spécifiques du rôle du père dans la vie de son enfant :

Le père est un modèle de comportement et d'identité. Il incarne la loi, la limite, maintient le cadre. Il transmet des valeurs et des principes et c'est un modèle masculin, en particulier pour les garçons qui ont besoin d'être structurés, orientés, poussés vers l'autonomie. Le père est comme un trampoline sur lequel le fils s'appuie, en s'y frottant parfois, pour pouvoir sauter de plus en plus haut, surtout à l'adolescence. Pour les filles, le père est un modèle pour le choix de leurs partenaires.

Le père encourage à l'indépendance, à l'exploration, aux jeux physiques et au développement social. Le père a un rôle de protecteur de la structure familiale, ce qui apporte de la stabilité et la sécurité.

C'est un partenaire efficace dans la prise de décisions éducatives, dans la gestion des tâches quotidiennes et un grand soutien émotionnel.

Les deux parents forment une équipe pour se soutenir, et une base solide sur laquelle l'enfant va s'appuyer, qu'ils vivent en couple ou qu'ils soient séparés. Ils sont supposés être complémentaires et non égaux. L'égalité des êtres se situe au niveau de l'âme, sur le plan physique de la personnalité c'est la complémentarité qui est de mise. La différence est très subtile, car la complémentarité engendre aussi l'égalité.

Ainsi, le parent devient un acteur du changement dans le domaine de l'éducation, à condition qu'il comprenne et accepte cette mission, et qu'il suive le mouvement en opérant lui-même un changement intérieur. Les choses évoluent, qu'il le veuille ou non, avec ou sans sa collaboration.

En résumé, la parentalité est un voyage pendant lequel l'on apprend constamment, et la perfection n'est pas l'objectif. Ce qui compte vraiment, c'est d'être présent pour son enfant, de lui offrir de l'amour, et de se montrer capable de s'adapter et de grandir avec lui.

Une fois que chaque parent a plus ou moins compris son rôle auprès de l'enfant, l'impératif ensuite est de comprendre l'enfant lui-même, et ce qui l'influence dès la naissance.

Chapitre 5 : Comprendre son enfant : qui est mon enfant ?

Avant de décider d'avoir un enfant, chaque adulte doit se poser cette question : « Pourquoi voudrais-je avoir un enfant ? » Les deux parents doivent être clairs sur cette question et s'engager de manière précise sur tout ce qui concernera l'enfant dès sa naissance. Ils devront organiser leur temps, accepter toutes les conséquences et les changements que l'arrivée d'un enfant entraînera dans leur vie. Rien ne sera plus comme avant.

Devenir parent, c'est entamer une grande aventure humaine qui te bouleverse et te transforme sur les plans physique, spirituel et émotionnel. Tu vas traverser toute une gamme d'émotions : peur, colère, joie, etc. Tu apprendras la patience, l'amour, la résilience, la persévérance et la responsabilité. Tu grandis avec ton enfant et trouves un sens profond à ton existence. Ce n'est pas seulement une responsabilité, mais une opportunité unique de te connaître profondément, d'observer tes habitudes, ton comportement et de les ajuster, tout en tissant des liens forts et durables.

Pour cela, tu dois te poser les questions suivantes :

Qui est mon enfant ? Qui est cet être qui m'a été confié ? Comment est-il constitué au départ et qu'est-ce qui va façonner sa personnalité ?

Commençons par la connaissance de quelques points essentiels sur le plan physique et psycho-émotionnel de l'enfant.

Croissance rapide :

Dès la naissance, un enfant connaît une croissance physique exponentielle. Par exemple, un bébé double souvent son poids au cours des six premiers mois et continue à grandir de manière significative pendant les premières années. Cette croissance affecte tous les aspects de son développement, y compris la taille, le poids et la capacité de bouger.

Les muscles et les os de l'enfant ne sont pas encore totalement formés, et c'est pendant cette période qu'il acquiert de la force et de la coordination, ce qui est nécessaire pour accomplir des actions comme marcher ou courir.

Acquisition de compétences motrices :

Les compétences motrices évoluent au fur et à mesure que l'enfant se développe. Dans les premières années, cela commence par des mouvements réflexes, puis l'enfant apprend à bouger plus consciemment. Il commence par des gestes simples, comme tendre la main.

Ensuite, viennent les compétences motrices finement développées, comme la manipulation plus précise d'objets avec des mains, comme par exemple écrire, dessiner.

Développement cérébral :

Le cerveau d'un enfant se développe de manière impressionnante, avec des millions de connexions synaptiques formées chaque seconde. Cette plasticité cérébrale est à son comble pendant les premières années de la vie. En effet, le cerveau d'un enfant peut changer en réponse aux expériences et aux stimulations, ce qui lui permet d'apprendre rapidement et d'acquérir de nouvelles compétences.

Les premières années de la vie sont également critiques pour le développement des fonctions cérébrales plus complexes, comme la mémoire, la résolution de problèmes, et l'apprentissage du langage.

Développement émotionnel et affectif

Attachement émotionnel :

L'attachement, en particulier à la mère (mais aussi au père et aux autres figures parentales), est fondamental pour le développement émotionnel. Ce lien est ce qui permet à l'enfant de se sentir en sécurité et de comprendre qu'il peut compter sur ses parents pour répondre à ses besoins.

L'attachement forme la base de la confiance de l'enfant dans les relations humaines et influence ses relations futures avec les autres. Par exemple, un enfant qui est sécurisé dans son attachement à ses parents aura une plus grande capacité à explorer son environnement, en sachant qu'il pourra revenir vers ses parents pour du réconfort.

Expression des émotions :

Au début, les bébés expriment principalement leurs émotions par des moyens non verbaux comme les pleurs, les sourires.

Ce processus d'expression émotionnelle se développe avec l'acquisition du langage. À l'âge préscolaire, les enfants commencent à comprendre des émotions plus complexes comme la honte, la culpabilité ou l'empathie.

Développement cognitif

Dès la naissance, les bébés sont très réceptifs aux sons et aux voix humaines. Ils commencent à écouter et à distinguer des sons. Vers six mois, ils commencent à produire des sons et des babillages, qui évoluent progressivement en mots.

Vers 2-3 ans, les enfants commencent à combiner des mots pour former des phrases simples. À l'âge de 5 ans, ils peuvent souvent tenir une conversation complète.

Le vocabulaire se développe rapidement, et l'enfant apprend non seulement des mots, mais aussi des structures grammaticales et la façon d'utiliser le langage pour exprimer des idées plus complexes.

Pensée abstraite :

La capacité de penser de manière abstraite, c'est-à-dire d'avoir des idées et des concepts qui ne sont pas directement liés à des objets ou des événements concrets, se développe principalement durant l'adolescence. Cependant, les bases commencent à être posées très jeune.

Par exemple, vers l'âge de 7-8 ans, un enfant commence à comprendre des concepts plus complexes comme les nombres, le temps, ou les relations de cause à effet. Cela permet un raisonnement plus complexe et une meilleure capacité à résoudre des problèmes.

Exploration sociale et apprentissage des règles sociales

Interaction avec les autres

L'enfant commence à explorer les interactions sociales dès son plus jeune âge. Tout d'abord, il réagit à ses parents et à ses proches. Ensuite, il commence à interagir avec d'autres enfants, apprenant les dynamiques de groupe, le partage, et la coopération

Apprentissage des rôles sociaux

Un enfant apprend à jouer des rôles sociaux dans un contexte familial, scolaire et communautaire. Par exemple, il apprend ce qu'on attend de lui à l'école (respecter l'enseignant, écouter en classe), à la maison (aider, partager, respecter les règles), et dans ses relations avec les pairs.

Le processus de socialisation permet à l'enfant de se comprendre en tant qu'individu au sein de la société.

Dépendance et autonomie

Pendant les premières années, l'enfant est totalement dépendant de ses parents. Il commence à développement de l'autonomie à partir de 2-3 ans.

Exploration du monde

Curiosité naturelle : l'enfant est naturellement curieux. Cette curiosité est un moteur essentiel de son apprentissage.

Apprentissage par l'expérience : Le jeu est un moyen fondamental pour que les enfants apprennent par l'expérience

Besoins en sécurité

L'enfant a besoin de se sentir en sécurité dans son environnement pour pouvoir grandir et apprendre. Un environnement stable, prévisible et aimant est essentiel pour le bien-être de l'enfant. Il a aussi besoin de soutien émotionnel pour naviguer dans les défis du monde qui l'entoure.

Chaque point ci-dessus décrit une caractéristique essentielle de l'enfant. Cette période de la vie est un moment de transformations rapides et de découvertes qui façonneront l'adulte de demain. Maintenant, nous allons voir ce qui fait la base de tout être humain à la naissance et qui va le construire, l'influencer tout au long de sa vie, pour mieux comprendre ce qui anime un enfant, et pouvoir mieux l'accompagner.

Trois aspects influent sur ton enfant et construisent l'adulte qu'il va devenir : **L'enfant naît avec une âme et un libre arbitre.**

Quand un enfant naît, il est déjà en possession de son âme, de son étoile ou étincelle créatrice. C'est comme un champ de force électromagnétique qui entoure et englobe l'enfant qui vient de naître, au centre duquel se trouve l'étoile. Cela est universel pour tous les êtres humains, qu'ils soient enfants ou adultes. Puis, le corps, la personnalité de l'enfant est générée par la rencontre des parents, qui transmettent des signes distinctifs à leur enfant par l'hérédité : les traits physiques, certaines caractéristiques, etc. Mais l'enfant a son propre tempérament, son libre arbitre, son mode d'apprentissage et d'action, ses talents, son propre chemin de vie et sa destinée.

Là, tu peux voir que la nature de l'enfant est profondément double. Cela se manifeste de plus en plus chez les enfants d'aujourd'hui. Lorsqu'on les observe, on perçoit leur innocence pure, leur imagination précieuse, leur enthousiasme originel, mais, en même temps, il émane d'eux une maturité et une sagesse anciennes, presque comme celle de vieillards. Dans le cadre de mon travail, je rencontre de plus en plus de très jeunes enfants qui réfléchissent et discutent comme des adultes.

Les parents ou les adultes qui s'occupent de l'enfant.

Imagine l'enfant, porteur de son Étoile et de sa destinée, arrivant chez des parents ou d'autres adultes qui vont s'occuper de lui. Il compte sur eux pour le guider et l'accompagner dans ce monde qu'il ne connaît pas : quelle responsabilité ! En tant que parent, tu n'imagines même pas le pouvoir que tu exerces sur ce nouveau-né et sur son avenir ! Je ne dis pas cela pour t'accabler ou te culpabiliser, mais simplement pour attirer ton attention sur le fait qu'être parent est un métier incroyable. Une femme ou un homme qui se consacre à l'éducation de ses enfants contribue à instaurer la paix dans le monde et influe sur l'éveil de l'humanité.

Ainsi, le parent ou l'adulte qui s'occupe de l'enfant l'influence profondément, par la création de liens d'attachement, par l'amour qu'il lui porte, la chaleur et la joie qu'il instille dans le foyer (ou l'absence de ces éléments), par les habitudes de vie, l'encadrement et la structure qu'il met en place (ou pas), par l'image qu'il renvoie en tant que modèle, et par son accompagnement dans les interactions et les relations sociales.

L'environnement de l'enfant et les événements qui se passent dans sa vie.

Il est indéniable que l'environnement joue un rôle majeur dans la construction de l'identité de l'enfant. Dès qu'il ouvre les yeux sur ce qui l'entoure, il commence à être influencé par ce qu'il entend, voit et ressent. Il entre en contact avec une réalité spécifique. C'est pourquoi un enfant indien, européen, africain ou chinois est très différent des autres : il n'est pas imprégné des mêmes sons, des mêmes odeurs, des mêmes couleurs, ni des mêmes émotions.

Un enfant de 10 ans qui est né et a grandi dans une campagne camerounaise a des atouts différents d'un enfant de 10 ans qui naît dans une campagne européenne ou chinoise. Donc, il est inutile de les comparer ou de leur demander d'agir de la même façon.

En réalité, ce que tu dois retenir ici, c'est que ton enfant est à la fois fort et fragile. Un grand nombre de paramètres qui influent sur lui dépendent de toi. Tu as un pouvoir considérable sur lui et, par conséquent, une grande responsabilité. Pour cela, je souhaite te donner un petit conseil pour ne pas tomber dans la recherche de la perfection. À vouloir être un parent trop parfait, tu peux te mettre une grosse pression supplémentaire, alors que ce n'est pas le but ici. Le petit conseil c'est déjà : « Ne pas nuire. » Quand tu as un enfant devant toi, demande-toi : comment ne pas nuire à l'évolution de cette âme qui m'a été confiée ?

Cela va baisser la pression qui pousse à vouloir en faire trop pour la « réussite » de ton enfant.

Je te donne aussi une méditation à faire tous les matins pour diminuer ce stress ambiant du « parent parfait ».

Comme un rendez-vous avec soi-même après une bonne nuit de sommeil :

> « Un nouveau jour se lève !
>
> Aujourd'hui est une belle journée ! Le soleil est là ! Et je me lève plein d'énergie !
>
> Tous les soucis que je peux avoir passeront comme l'ont fait ceux d'hier, ceux d'avant-hier et de chaque jour !
>
> Si je sens que je me déconcentre ou que je perds pied, je tenterai toujours d'identifier ce qui me perturbe. Et si je peux résoudre le problème, trouver une solution, je le ferai sans hésiter !
>
> Sinon, je m'efforcerai de lâcher prise et d'accepter ce qui est !
>
> Je suis le parent qui convient à mon (mes) enfant(s) et mon (mes) enfant(s) est celui qu'il me faut ! L'Univers (Dieu) l'a voulu ainsi !
>
> Je ferai de mon mieux pour l'accompagner vers son épanouissement !
>
> Si je sens la colère, le stress, l'anxiété, la tristesse et autres pousser en moi, je les roulerai comme des petites balles et les jetterai loin de moi... Je chasserai toute forme de soucis, d'angoisse et de crainte !

> Et maintenant, comme chaque matin, je m'installe dans un moment de silence pour prendre conscience de mon voyage intérieur ! Je remercie la vie de ce qu'elle est ! J'accepte de vivre la mienne avec gratitude !
>
> (Je fais trois grandes respirations en commençant pas l'inspiration, puis l'expiration et je prends un moment de silence ...)
>
> Je respire encore profondément pour commencer ma journée en parfaite sérénité, libre de toute forme de peur, car la force divine est avec moi !
>
> Je suis à 100 % de mon potentiel et je vais à la rencontre de cette journée qui s'annonce magnifique ! Et surtout, je n'oublie pas que je suis une personne unique, extraordinaire qui illumine son entourage et sa famille. Je prends une dernière grande inspiration, je tiens... et je relâche !
>
> La vie est belle ! »

Tu peux adapter quelques phrases de cette méditation selon les circonstances de ta vie et selon le temps dont tu disposes le matin.

Avoir un enfant aide à se transformer intérieurement, à comprendre et à vivre l'Amour inconditionnel, et ainsi à accomplir sa mission de vie.

Le parent du 21e siècle doit aussi devenir un parent nouveau. Et un parent nouveau est un parent conscient des enjeux du nouveau siècle et de la nouvelle ère que les enfants portent déjà en eux. Il est question de ne pas naviguer à vue en matière d'éducation, mais bien, à acquérir les instruments et outils nécessaires à cette navigation.

Et le premier outil à avoir est la connaissance des phases de développement de ton enfant.

Nous verrons, dans le chapitre suivant, les grandes lignes de l'évolution de l'enfant.

Chapitre 6 : Le développement de l'enfant

L'enfant traverse de nombreuses phases au cours de son développement, et il est essentiel d'en être conscient pour mieux l'accompagner.

Dans ce chapitre, je te présente les grandes lignes du développement de l'enfant selon Jean Piaget pour la partie psychologique, puis les différentes étapes selon Maria Montessori, médecin, scientifique, ensuite je te parle de la vision spirituelle de l'enfant par Jan Van Rijckenborgh : philosophe gnostique du 20e siècle. C'est un sujet que j'ai déjà abordé en détail dans mon premier livre, *Éduquez sans frapper*.

Les étapes psychologiques du développement de l'enfant sont souvent décrites selon des théories proposées par différents psychologues du développement. Ces étapes couvrent les aspects cognitifs, émotionnels, sociaux et moraux de la croissance d'un enfant. Bien que chaque enfant soit unique et suive un chemin de développement propre, les chercheurs ont identifié des étapes générales que traversent la plupart des enfants à mesure qu'ils grandissent.

Selon Piaget, la première étape est :

1. De la naissance à 2 ans : Apprentissage par les sens et les mouvements : Le bébé apprend principalement en explorant son environnement : il touche à tout, met tout ce qui passe dans sa main dans la bouche. Il commence aussi à tisser une relation émotionnelle avec ses parents. C'est ici que la sécurité affective et la confiance en ses parents ou figures d'attachement se développent.

2. De 2 à 7 ans : L'enfant commence à utiliser des symboles (comme les mots et les images). À cet âge, les enfants ont tendance à voir le monde à partir d'eux-mêmes. L'imaginaire est très présent. Le langage se développe. L'enfant développe peu à peu une conscience de soi et se différencie des autres.

3. De 7 à 11 ans : À ce stade, les enfants commencent à être capables de penser de manière logique. Ils comprennent mieux les règles et commencent à les appliquer de manière plus systématique. Par exemple, ils apprennent à respecter les règles de jeu et à prendre en compte les règles de la maison et de l'école. Les enfants commencent à avoir des relations plus complexes avec leurs pairs. Les amitiés deviennent plus basées sur la réciprocité et les intérêts communs. La coopération. Il commence à comprendre ce qui est bien ou mal.

4. De 11 à 18 ans : Ici, l'adolescent commence à réfléchir à des concepts abstraits, par exemple les thèmes de fraternité, du sens de la vie, de l'identité, etc. Il développe son raisonnement et commence à se projeter dans l'avenir. La recherche de son identité est un des aspects clés de l'adolescence, tout comme l'appartenance. Il cherche à se détacher de ses parents et à développer son indépendance et son autonomie. Il explore les relations amoureuses.

5. De 18 à 25 ans : C'est la transition vers l'âge adulte. Les jeunes adultes passent souvent par des étapes de réflexion personnelle sur la vie qu'ils ont envie de vivre et quelle voie choisir. Ils poursuivent la construction de leur identité personnelle et sociale, ils assument des responsabilités professionnelles, familiales et sociales, ce qui marque leur transition vers l'état d'adulte.

Selon son âge et ses phases de développement, l'enfant a des besoins spécifiques parce qu'il grandit et se transforme. Nous allons découvrir ici que l'enfant n'est pas que le petit corps que nous voyons au quotidien, mais il est entouré d'un vaste système de forces qui se mettent en place au fur et à mesure qu'il grandit, et qui l'influencent. Ce vaste système est constitué de diverses énergies, et de différents corps subtils qui se construisent autour de l'enfant pendant qu'il grandit. L'enfant est un immense chantier en construction.

Ce chapitre va nous permettre de le découvrir. Nous verrons que l'être que tu appelles « ton enfant » est relié au cosmos et porte des énergies qui nous dépassent tous. Cela va te permettre de prendre conscience des enjeux et de changer, non seulement de posture éducative, mais aussi la façon d'être à toi-même.

Maria Montessori a tenu compte de tout cela et, par l'observation de l'enfant lui-même, elle a créé une méthode qui permet de révéler le potentiel enfoui en l'homme.

Voici, selon Maria Montessori, les quatre grandes étapes de développement de l'homme :

La petite enfance : 0-6 ans

Pendant cette période, l'enfant a une très grande capacité d'apprentissage, Montessori a appelé cela « l'esprit absorbant ». L'enfant absorbe tout dans son environnement comme une éponge. Il intègre tout sans effort. D'où l'importance d'un entourage sain et la préparation d'un environnement de qualité, si possible, riche en découvertes et en expérimentation.

L'enfance : 6-12 ans

Ici, l'enfant explore le monde, il veut comprendre le fonctionnement des choses. Il peut s'intéresser à divers sujets : comme la formation de l'univers, le système solaire et les planètes. Il veut se sentir utile et responsable. Il construit le sens moral, donc il a besoin de comprendre ce qui est vrai ou faux, bien ou mal. C'est le moment de le faire participer à la création des règles de vie à la maison, par exemple.

L'adolescence : 12-18 ans

À cette étape, l'enfant cherche à construire son identité, il aime la nature, et se pose des questions existentielles par exemple : qui suis-je ? Pourquoi suis-je là ? Il voudrait connaître le sens profond des choses. Il a besoin de limites et de liberté à la fois. C'est au parent de savoir jongler entre ces deux exigences. Il a besoin de travailler manuellement, de participer à des projets ou adhérer à une cause, et d'appartenir à un groupe de pairs.

La maturité : 18-24 ans

C'est le temps de l'accomplissement, de l'autonomie et des choix importants (travail, études, etc.). Il entre dans la vie sociale à travers ses actions et ses projets.

Jan Van Rijckenborgh, quant à lui, propose la connaissance et le développement des corps énergétiques de l'être humain, donc de l'enfant. Lui, il parle et insiste sur la formation de l'être au niveau spirituel, parce que cet aspect est très souvent oublié et complètement banni dans l'éducation.

Il décrit l'évolution de l'enfant sur le plan de ses corps subtils, invisibles, les corps énergétiques. Pour lui, l'être humain est un mystère à découvrir. C'est un « micro monde ». Et l'enfance est une période délicate, fragile et capitale pour le devenir de cet être.

Formation du corps Physique : 0-7 ans

L'enfant est tout entier organe sensoriel et vit entièrement des corps subtils et des énergies des parents, surtout de la mère.

Formation du corps Éthérique : 7-14 ans

Ici, il se détache du corps éthérique de la mère pour acquérir son propre corps éthérique. C'est ce corps qui fait se mouvoir la matière dense, notre corps.

Formation du corps Astral ou corps émotionnel : 14-21 ans

C'est le moment de l'installation du corps émotionnel (astral). De grands changements s'effectuent au niveau physique et émotionnel. L'enfant ne comprend pas trop ce qui se passe en lui. Maintenant, il a ses propres ressentis, ses propres opinions. Il y a comme une tempête en lui. Les liens qui l'unissent à ses parents se relâchent ; il veut tout vérifier par lui-même, par ses propres expériences et ses idées. Le caractère propre surgit. Le parent doit être très tolérant et patient pendant cette période.

Formation du corps mental : 21-28 ans

La naissance du corps mental, encore embryonnaire même chez l'adulte permet au jeune de prendre le gouvernail de sa vie pour acquérir de l'expérience.

Ces étapes sont différentes et varient d'un enfant à un autre, et les enfants actuels sont beaucoup plus précoces. Ce sont des étapes qui se chevauchent et les chiffres ne sont que des indicateurs d'un changement. Ce qui est important, c'est d'observer son enfant, chaque enfant avec son rythme propre pour pouvoir l'accompagner dans ces différentes étapes.

Il est crucial de s'adapter à ces étapes de développement naturel de l'enfant pour pouvoir l'accompagner dans la construction de son être, et lui permettre de grandir de façon équilibrée et sereine. Tout ceci permet de mieux comprendre l'enfant et ses fonctionnements pour l'élever de façon globale, holistique en tenant compte de tous ses aspects. La connaissance fait partie des outils des parents conscients.

J'ai choisi de te présenter les étapes d'évolution de M. Montessori et celles de Jan Van Rijckenborgh parce qu'à mon sens, elles se complètent. Ainsi, tu vas connaître ton enfant en profondeur dans toutes ses composantes. Et ses dimensions. Cela te permettra de voir ton enfant et l'être humain, en général, sous un autre angle. Tu mesureras tout le potentiel humain. Il n'y a donc pas besoin de choisir telle ou telle autre conception. Ces deux façons de décrire l'enfant se rejoignent au niveau spirituel.

Ce sont aussi deux professionnels qui ont exploré le côté spirituel de l'Homme, que l'on oublie très souvent quand on parle d'éducation.

Il y a aussi d'autres étapes clés comme : Pendant la grossesse, commencer à créer un lien en parlant à l'enfant (surtout quand il y a un problème et que tu es triste ou stressé, pour lui expliquer). La préparation à l'accouchement pour plus de sérénité le jour J.

À la naissance : le premier regard est très important pour accueillir le nouvel arrivant.

Le changement de dentition pendant lequel l'enfant passe à la construction d'une conscience morale.

Puis, l'adolescence qui est une période de transition clé dans le développement humain, marquée par des changements physiques, psychologiques et sociaux importants. C'est la période où l'enfant a le plus besoin d'une belle relation avec ses parents et ses amis.

Pourquoi je te parle de toutes ces étapes ?

Toutes ces connaissances t'aident à comprendre ton enfant, à être attentif à ses états d'être parce que beaucoup de forces, d'énergies se bousculent à l'intérieur de lui. Je voudrais élargir les horizons en mettant toute l'attention sur la partie spirituelle longtemps ignorée dans l'éducation. Le fait de connaître ton enfant va t'aider à te connaître toi-même et permettre le recul nécessaire pour être un parent conscient.

Ainsi pourras-tu répondre aux besoins qu'exige chaque étape, chaque période de la vie de ton enfant, de façon adaptée. Tu pourras comprendre ses comportements qui sont comme un langage codé. Et lorsque les besoins sont satisfaits, le langage codé compris, les troubles du comportement disparaissent.

Le chapitre suivant va justement parler des besoins de l'enfant.

Chapitre 7 : Comprendre les besoins de l'enfant

Tous les comportements désagréables qu'on observe chez les enfants cachent des besoins non satisfaits.

Les besoins sont universels c'est-à-dire qu'on retrouve les mêmes besoins chez tous les êtres de toutes les races : besoin de dormir, de respirer, de boire, de sécurité, etc. Ce sont des nécessités vitales qui, si elles manquent, cela menace la vie de l'individu. Ils sont donc différents des désirs qui dépendent des envies de chaque individu et de son environnement : par exemple, avoir envie de manger un gâteau est un désir, parce qu'on peut vivre sans cela, on peut s'en passer.

Pour le psychologue Maslow, les besoins fondamentaux se répartissent en cinq catégories (voir pyramide), représentées sous forme de pyramide dont la base repose sur les besoins physiologiques comme manger, boire, respirer, etc. Selon lui, la satisfaction des besoins d'un niveau inférieur est une condition préalable à l'accès aux niveaux supérieurs. Ainsi, chaque étape ne peut être franchie que si la précédente est accomplie. D'après sa théorie, un individu atteint le bien-être lorsqu'il gravit toutes les étapes jusqu'à l'accomplissement de soi, considéré comme l'ultime réalisation (au sommet de la pyramide).

Toutefois, l'évolution de l'être humain n'est pas linéaire. Il évolue par période, en spirale avec des moments creux et des moments de grande croissance.

Pyramide de Maslow

- **Besoins d'accomplissement**
- **Besoins d'estime**
- **Besoins d'appartenance**
- **Besoins de sécurité**
- **Besoins physiologiques**

Copyright www.manager-go.com [5]

Aujourd'hui, et depuis un certain temps, les enfants ont droit à la satisfaction de tous ces besoins avec l'aide des parents. Depuis 1989, à la signature de la convention des droits de l'enfant, le statut des enfants a changé, ils ont des droits désormais, et ces droits poussent à la satisfaction de leurs besoins vitaux.

Sur le schéma ci-dessous j'ai représenté les besoins sous forme de cercle afin d'illustrer que, chez l'enfant, ils s'accomplissent simultanément plutôt que de manière hiérarchique. L'enfant satisfait naturellement ses besoins physiologiques (manger, boire, dormir, se vêtir, etc.) grâce à ses parents. En même temps, il a besoin de sécurité physique et émotionnelle c'est-à-dire que ses parents doivent le protéger dès la naissance contre la

---

[5] Formation à la pédagogie Montessori [https ://www.manager-go.com/management/theorie-de-maslow.htm].

violence, les accidents domestiques, par exemple, les maltraitances. L'enfant doit pouvoir avoir un environnement affectif stable et une famille qui prend soin de lui, qui l'aime et lui fait ressentir cet amour. C'est ce que faisaient les mamans africaines qui portaient leurs bébés dans le dos tout le long de la journée tout en vaquant à leurs occupations.

En même temps, l'enfant ressent le besoin d'appartenance : il doit recevoir de l'affection et de l'attachement de la part de son entourage, de sa famille, et, plus tard, de ses amis et de ses pairs. Il appartient à un groupe, une communauté, un pays, une culture. Entouré des siens, l'enfant se sent accepté et reconnu, il grandit dans l'estime de lui-même, ce qui lui permet d'exprimer librement qui il est.

Le besoin d'accomplissement se traduit dans le jeu, le jeu libre. Le jeu est comme un métier pour l'enfant, il s'accomplit en cela avec beaucoup d'enthousiasme parce qu'il apprend en jouant. Il va de découverte en découverte en jouant. Pour l'adolescent, ce sera aussi le début des relations amoureuses, la recherche de sens, les aptitudes sportives, ou scolaires.

Ces besoins s'expriment tous au même moment et doivent être comblés à chaque étape du développement de l'enfant (dès la naissance : bébé, pendant la petite enfance, l'enfance, l'adolescence, et la maturité), afin de grandir de manière équilibrée. Il n'y a donc aucune hiérarchie dans ces besoins pour un enfant parce que tout est important et chaque besoin nourrit un aspect différent de son être. La spiritualité va englober tout cela en lui donnant une empreinte qualitative, une grande profondeur et un sens élevé au-dessus du matérialisme ambiant.

Et pour les enfants nouveaux, c'est un impératif parce que leur niveau d'exigence est élevé.

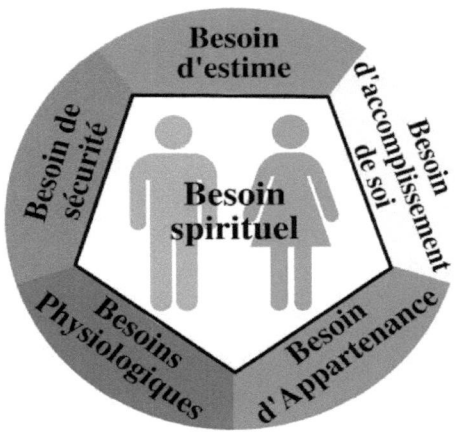

Les besoins quotidiens des enfants nouveaux

J'ai ajouté un sixième besoin pour l'enfant actuel : le besoin spirituel qui est, pour moi, la base de la vie et que l'on néglige dans notre vie quotidienne. La spiritualité est la fondation de l'être humain depuis la nuit des temps. C'est elle qui permet que tous les autres besoins s'accomplissent sans abîmer l'âme du jeune être que tu accompagnes. Les enfants nouveaux participent avec tous leurs sens à un monde invisible, subtil, au monde de l'âme, et n'oublient pas d'où ils viennent. Ils ont donc besoin que leurs âmes soient nourries de façon quotidienne, autant que leurs corps.

Ce besoin spirituel, lorsqu'il est satisfait, amène l'enfant à la compréhension de lui-même et de la vie. Cela l'aide à forger un esprit ardent qui recherche la vérité en lui-même et en toute chose. Le vrai bonheur se trouve dans la réalisation spirituelle.

J'en parlerai plus longuement dans le chapitre 9 de ce livre.

Les plus grands besoins des enfants d'aujourd'hui

Dans son livre *Les 5 grands besoins des enfants nouveaux*, Lise Bourbeau décrit les besoins essentiels et prioritaires des enfants nouveaux dont voici les principaux classés par ordre d'importance :

- Le respect : Tout comme les adultes, l'enfant nouveau estime avoir droit au respect, en tant qu'être humain digne de ce traitement.
- La communication : L'enfant nouveau a besoin qu'on lui explique les choses, car il comprend tout, souvent au-delà même de ce qu'on lui dit. Il cherche à donner du sens aux apprentissages, aux règles établies à la maison, à l'école et dans la société.
- Le plaisir : les enfants nouveaux veulent faire des choses qui leur plaisent jusque dans le domaine professionnel. Ils veulent exprimer ce qu'ils portent à l'intérieur et créent souvent de nouveaux métiers. Ils veulent avoir une vie légère, joyeuse et pleine d'amour.
- L'affection : L'enfant nouveau a un besoin profond de chaleur, d'attention et d'amour inconditionnel. Il doit pouvoir faire ce qu'il aime et ce qui le rend heureux.
- La sécurité : L'enfant a également besoin de se sentir en sécurité, à la fois sur les plans physique, psychologique et affectif, comme tout enfant… Il doit

évoluer dans un environnement sécurisé, où on attire son attention sur les dangers potentiels en fonction de son âge. Par exemple, il doit comprendre que la flamme ou une prise électrique peuvent être dangereuses.

Puis, celui-ci doit aussi être en parfaite sécurité psychologique et affective. Un climat familial stable, équilibré et joyeux est essentiel. La violence, les disputes entre parents ou d'autres tensions émotionnelles mettent l'enfant nouveau dans une détresse profonde. Il est également important d'encourager l'apprentissage de la régulation des émotions : parler des ressentis de l'enfant, commencer par partager les nôtres, puis s'intéresser à ses expériences quotidiennes, comme « Qu'est-ce qui t'a fait plaisir aujourd'hui ? ».

J'ajoute à cette liste trois autres besoins essentiels : la fermeté, la bienveillance et le sens. Un cadre bien défini, à la fois ferme et sécurisant, est rassurant pour l'enfant. La bienveillance, quant à elle, permet de soutenir l'enfant dans ses efforts et ses émotions. Enfin, il est fondamental de lui expliquer l'utilité et le sens des choses. Par exemple, « à quoi ça sert d'étudier les mathématiques à l'école ? » L'enfant a besoin de comprendre que chaque activité a un objectif précis et utile pour sa vie.

Tout ce qu'on lui propose doit avoir un sens profond, un but clair, ce qui produit de l'enthousiasme et de la motivation pour qu'il passe à l'action. Il cherche à comprendre la vie dans sa globalité, le pourquoi, le comment, et la place de chaque phénomène dans son existence.

C'est pour cette raison aussi que le parent doit être au clair avec les valeurs qu'il veut transmettre à son enfant. Ensuite, travailler à les incarner lui-même.

Maintenant, tu sais ce dont ton enfant a besoin et ce que tu peux faire pour combler ces besoins, il n'y a plus que la mise en pratique, comme un cadeau que tu lui offres.

Chapitre 8 : Les valeurs

« La nouvelle éducation ne portera pas sur une plus grande culture de la personnalité ni sur l'acquisition de belles qualités, mais sur la libération de l'âme vivante dans l'enfant. »

Magazine Pentagramme N° 1 2002
(édition du Septénaire)

Les valeurs sont des piliers sur lesquels se tient l'éducation de l'enfant. Ce chapitre est très pratique, car tu vas clarifier tes valeurs et celles que tu voudrais voir fleurir dans ta famille. Elles guident le comportement de chacun dans la famille et donnent du sens aux actions que tu vas poser. Ces valeurs sont la base du cadre que tu veux offrir à ton enfant.

Maintenant, c'est ici que tu vas devoir répondre à ces questions :

Qu'est-ce que réussir l'éducation de mon enfant ?

Quand on devient parent, on a une petite idée, une vision de ce qu'on souhaite pour nos enfants. Par exemple, tu aimerais que ton enfant soit honnête ou intègre. Que l'autre soit responsable, généreux...

Mais pour que tout cela ait une chance d'arriver, tu dois clarifier ce que signifie « RÉUSSIR » pour toi. Le sens de ce mot est différent selon les personnes, les familles et l'environnement. C'est pour cette raison que chacun doit être vraiment précis à ce sujet. Est-ce que réussir sa vie veut dire fonder une famille ? Ou avoir une brillante carrière professionnelle ?

Pour t'aider à y réfléchir, demande-toi : **quelles sont les valeurs essentielles à transmettre à mon enfant ?**

Commence par lister les valeurs que tu souhaites inculquer à ton enfant : empathie, bienveillance, générosité, amour, respect, ouverture d'esprit, autonomie, confiance, etc. Il est essentiel d'être au clair sur ces valeurs, car elles constituent la base, la force et l'identité de votre famille. Elles seront le ciment qui unira votre foyer et un repère fondamental pour aider ton enfant à évoluer sereinement dans le monde.

Une fois cette liste établie, réfléchis à des moyens concrets de les transmettre par des actions du quotidien. Par exemple, si tu veux cultiver la générosité chez ton enfant, encourage-le à fabriquer de petits cadeaux à offrir aux voisins ou aux membres de la famille. Organiser des ateliers de pâtisserie pour préparer des gâteaux à partager avec la fratrie ou les proches est aussi une belle manière d'illustrer cette valeur. L'important est d'incarner ces principes au quotidien pour que ton enfant les intègre naturellement.

Poursuivons ensuite avec d'autres questions dans une autre perspective.

Quand ton enfant sera adulte, que dira-t-il de toi ? Lorsqu'il parlera de son enfance à ses amis ou sa famille ?

Quelles sont mes attentes envers mon enfant ?

Maintenant, pense à cette question :

Quel adulte souhaites-tu que ton enfant devienne ?

Pour atteindre ton objectif de réussite pour ton enfant, il est essentiel de mettre en place une stratégie et un processus qui l'aideront à devenir la personne que tu souhaites pour lui. Après avoir défini des outils et des règles claires et concrètes, pose-toi cette question : *Est-ce que, moi-même, je peux respecter ces règles ?*

En tant que parent, ton rôle est de l'accompagner et de l'encourager à s'engager dans ce que tu lui proposes. Vous formez une équipe, toi et ton enfant, et ton objectif est de faire de cette équipe une équipe gagnante.

Quel exemple ai-je envie de donner à mon enfant ?

Les enfants apprennent avant tout par mimétisme : ils absorbent et reproduisent ce qu'ils observent chez leurs parents. Un parent me racontait que sa petite fille de 2 ans l'imite quand elle a mal au dos et qu'elle, en tant que guide, repère et premier modèle, il est fondamental de s'interroger sur son propre comportement.

Pose-toi cette question : *mon attitude est-elle en accord avec les valeurs que je souhaite transmettre à mon enfant ?* Il ne suffit pas d'enseigner une valeur par les mots, il faut aussi l'incarner au quotidien. Un parent doit être cohérent entre ce qu'il dit et ce qu'il fait.

Par exemple, si l'honnêteté est une valeur cruciale pour toi, applique-la dans toutes les situations, même les plus anodines. Imagine une mère qui, ne souhaitant pas répondre au téléphone, demande à son enfant qui décroche à sa place de dire qu'elle n'est pas là. Ce geste, anodin pour un adulte, peut semer la confusion chez l'enfant et l'inciter à dissimuler des choses, voire à mentir, alors que l'objectif premier était justement de lui enseigner la sincérité.

Cet exercice sur les valeurs agit comme une boussole pour toi et ton enfant. Il te permettra de préciser ton approche éducative, d'évaluer ce qui est acquis et d'ajuster certaines choses si nécessaire.

Tu peux aussi le faire en couple pour mieux connaître ton ou ta partenaire. Il est important de comprendre que, même si certaines valeurs de ton conjoint diffèrent des tiennes, elles apporteront quelque chose d'essentiel à vos enfants. Toutes ces valeurs constitueront la base sur laquelle vous pourrez établir vos règles, vos routines et votre mode de vie familial.

J'aime souvent rappeler aux parents que j'accompagne que, pour moi, la spiritualité n'est pas simplement une valeur parmi d'autres, mais le pilier fondamental qui soutient toute la vie. Nous sommes des êtres spirituels venus expérimenter la matière.

J'explore ce sujet plus en détail dans le chapitre suivant.

« Je suis d'avis que toute éducation qui ne prend pas soin de l'âme est inutile et même éventuellement funeste. »

Gandhi

Chapitre 9 : La spiritualité

La spiritualité de l'enfant reste un sujet tabou au 21e siècle, en particulier en France. Pourtant, l'objectif fondamental de l'éducation devrait être de permettre à l'enfant de développer sa conscience du monde physique et matériel qu'il est venu expérimenter, tout en préservant et nourrissant son lien avec le monde spirituel d'où il vient.

Dans cette perspective, l'éducation a pour vocation d'aider l'enfant à comprendre qui il est, à se connaître profondément et à saisir la nature de la vie elle-même. Le parent joue un rôle clé en guidant l'enfant vers cette compréhension de soi et du monde, tout en l'accompagnant dans l'épanouissement de son potentiel. Pour cela, il doit lui-même emprunter ce chemin spirituel de connaissance de soi, afin de mieux comprendre son enfant et l'aider à grandir de manière harmonieuse sur cette planète.

J'aimerais commencer par définir ce que j'entends par *spiritualité*, car souvent nous utilisons les mêmes mots pour désigner des choses très différentes. Pour que nous soyons tous sur la même longueur d'onde, je vais d'abord poser le cadre de notre échange.

D'après une des nombreuses définitions proposées par Wikipédia, la spiritualité désigne *« la quête de sens, d'espoir ou de libération, et les démarches qui s'y rattachent »*. Cette définition peut paraître simple, mais elle résume l'essentiel de ce dont nous allons parler. Je peux ajouter que la spiritualité est un chemin de transformation, de transmutation intérieure pour libérer l'être divin en se connectant à la force divine universelle, et redevenir l'être spirituel que chacun était et que l'on a oublié.

D'où je viens ? Qui suis-je ? Où vais-je ? Voici des grandes questions existentielles soulevées depuis la nuit des temps et qui traversent le temps et les générations. Il s'agit d'entreprendre une démarche active pour trouver des réponses à ces questions. Elles sont essentielles dans la vie d'un être humain qui veut se réaliser, donc cela concerne aussi le parent et son enfant. C'est le but du séjour sur cette planète : redevenir des êtres spirituels ! Être sur un chemin spirituel, c'est chercher un enseignement universel de sagesse qui aide à mieux se comprendre, à se connaître profondément, et à acquérir la force nécessaire pour opérer les transformations requises, afin de se reconnecter à son « Soleil intérieur » ou à son « étincelle divine ».

Le fait d'avoir oublié qui nous sommes réellement nous a coupés de notre essence la plus profonde, qui est Dieu. Ainsi, notre devoir, en tant qu'êtres humains, est de renouer avec cette part de nous-mêmes qui est en connexion avec le divin, pour redevenir entiers, et vivre sur cette base. En retrouvant cette connexion, tu redeviens l'être divin que tu es réellement. Cela transforme tout ! Tu deviens le parent inspirant, conscient, que tu désires être pour tes enfants, entre autres.

Le poète et philosophe contemporain Jean Biès dit à ce sujet : « *Il n'y a pas à réaliser le Divin pour la simple raison que nous le sommes déjà, et l'avons toujours été. Il y a seulement à le laisser remonter de notre profondeur, de la caverne du cœur, à travers toutes les couches de sédimentation sécrétées et accumulées par l'oubli de ce Divin en nous. Il y a seulement à le redevenir... »*

Pour moi, la spiritualité consiste donc à retrouver cette filiation divine par la transformation totale de notre être, en dissolvant tous les conditionnements de l'ego et en laissant la place à l'émergence de ce Soleil intérieur qui éclaire notre vie.

Comment le faire ? En se dépouillant de son ego qui a pris la place de l'âme en nous. Et ce n'est qu'en travaillant en soi, comme dans un laboratoire, que la maturité s'installe. La peur et la survie instillées par l'ego, cause de tous les problèmes, sont éradiquées. Tu peux donc jouer ton rôle de parent-guide, parler de façon consciente et naturelle.

Cette démarche est aujourd'hui plus que jamais urgente et nécessaire. C'est aussi la raison de l'arrivée en masse de ces nouveaux enfants, qui, eux, n'oublient pas d'où ils viennent, ce qu'ils sont, où ils vont, et quel est leur rôle sur cette planète, comme évoqué dans le chapitre 3 qui parle des enfants nouveaux.

Comme le dit Flavio Cabobianco, un jeune argentin de 8 ans, dans son livre *Je viens du Soleil* : « *Il n'y a pas que moi qui viens du Soleil. Tous les enfants qui naissent maintenant, et aussi tous les adultes qui suivent un processus de transformation, ont une connexion ouverte avec la lumière.* »

Certains, comme Flavio, s'incarnent dans des familles conscientes de ces réalités spirituelles. Mais beaucoup d'autres grandissent dans des environnements très matérialistes où ils se voient contraints de « faire comme tout le monde » et se noient dans ce monde de matérialité... Leur flamme intérieure risque alors de s'éteindre, et ils finissent par devenir ce qu'ils ne sont pas : des êtres vidés de leur essence.

Une approche spirituelle pour une parentalité équilibrée

La spiritualité étant avant tout un chemin de transformation, il est essentiel que tu développes une spiritualité personnelle qui t'aide à incarner des valeurs comme la patience, l'amour inconditionnel, la joie, l'humilité et l'écoute. Lorsque ces valeurs sont présentes, la réussite de tes enfants prend un tout autre sens : un sens profond d'accomplissement. Accompagner un être multidimensionnel dans l'épanouissement de son potentiel devient une expérience transcendante. Et c'est toute la communauté humaine qui en bénéficie.

Cette approche permet de créer un cadre familial fondé sur l'équilibre et le respect mutuel. Le respect et la joie naissent de la compréhension que nous sommes des âmes divines expérimentant la matière ensemble, réunies en tant que famille. Cela nous donne une perspective nouvelle, nous permettant de prendre du recul face aux situations, même les plus graves, et de relativiser les illusions qui façonnent notre système de vie.

Ainsi, tu ne deviens pas un parent parfait, mais un parent conscient et inspirant. Un parent guide, capable d'équilibrer fermeté et bienveillance de manière naturelle. Tu te connectes à ta divinité intérieure, celle qui sait ce qu'il faut faire avec les âmes dont tu as la charge, et qui reconnaît leur chemin propre.

L'enfant se construit à travers ce que Maria Montessori appelle « son maître intérieur ». Ce guide intérieur, infaillible, sait exactement ce dont l'enfant a besoin. Notre rôle, en tant qu'adultes, est de l'aider à suivre ce guide, sans chercher à lui imposer notre vision, mais en lui offrant le soutien nécessaire pour l'épanouissement de son potentiel divin. L'enfant porte en lui ce potentiel, et il doit l'explorer et le développer par lui-même, sans que l'adulte n'intervienne pour le faire à sa place ni ne cherche à éteindre cette flamme.

Aujourd'hui, les jeunes n'ont pas besoin de morale ni de discours vides. Ce dont ils ont besoin, c'est d'être écoutés et soutenus avec un cœur ouvert. Il s'agit de les accompagner dans leur quête de vérité et de sens, en toute sincérité, et même de les précéder dans cette recherche de la source de la vie.

L'ouverture pour écouter et comprendre l'enfant

Une spiritualité active nous pousse à adopter une posture d'ouverture, essentielle pour entendre les besoins, les émotions et les aspirations profondes de l'enfant. Cette écoute attentive nourrit et renforce le lien entre le parent et l'enfant, établissant une connexion authentique et bienveillante.

Lorsque j'étais AESH (Accompagnant d'Élève en Situation de Handicap) dans les écoles, j'ai rencontré de nombreux enfants, avec ou sans handicap physique et mental. Au fil des années, j'ai réalisé que de nombreux enfants qui avaient besoin d'accompagnement possédaient des facultés psychiques extraordinaires. Ces capacités, que la société (parents, enseignants, professionnels de santé, etc.) qualifie souvent de « handicap », ne sont ni comprises ni valorisées à leur juste mesure. En effet, on les perçoit comme des difficultés parce que l'on ne sait pas encore quoi en faire.

Ces enfants sont ensuite classés dans des catégories comme le TSA (troubles du spectre autistique), le TDAH (trouble de l'attention avec hyperactivité), le TOP (trouble de l'opposition avec provocation), etc.

Je me souviens particulièrement d'un élève de grande section de maternelle, un exemple parfait d'enfant au comportement atypique. Diagnostiqué comme autiste profond dès sa naissance, les médecins prédisaient qu'il ne pourrait jamais marcher, parler, faire du vélo, etc. Heureusement, ses parents n'ont pas baissé les bras.

Cet enfant a marché, a parlé correctement, a appris à faire du vélo (directement à deux roues, sans apprentissage préalable) et a commencé l'école. Je l'ai rencontré en grande section, et pendant l'année scolaire que j'ai passée à ses côtés, il n'a plus eu besoin d'accompagnement. Il n'avait aucun problème d'apprentissage et était un véritable petit soleil : hypersensible, extrêmement empathique, clairvoyant. Il dessinait toujours des bonhommes entourés de soleil. Lorsqu'on lui demandait pourquoi, il répondait : « On ne peut pas séparer l'homme de son soleil », et ajoutait que « beaucoup d'adultes ont déjà oublié leur soleil ». Parfois, quand je lui posais des questions, il répondait : « Je vais d'abord demander à Dieu. » Intriguée, je lui ai demandé : « Tu parles avec Dieu ? » Il a répondu : « Bien sûr ! Il n'est pas loin, tu sais. » Et il a ajouté : « J'espère que tu me crois, hein… + mon prénom. » En le regardant profondément dans les yeux et en tenant ses mains, je lui ai répondu : « Oui, je te crois absolument, ce que tu dis est vrai ! » Il semblait alors soulagé, comme si un poids venait de disparaître, et il pouvait ensuite passer à autre chose, jouer ou faire ce qu'il voulait.

Cet enfant n'avait pas besoin d'un accompagnement scolaire particulier. Il n'avait aucun problème en soi. Ce qu'il lui manquait, c'était simplement une oreille attentive, un adulte prêt à l'écouter sans jugement ni faux-semblants, un adulte capable de l'accompagner lorsqu'il parlait d'un monde spirituel auquel il était encore pleinement connecté.

Comme l'explique Flavio M. C. : « *Le nouveau-né sent son emprisonnement dans la réalité physique. Il regrette l'unité essentielle d'où il vient, si bien qu'il s'unit rapidement aux personnes qui s'occupent de lui. Dans le cas où ces personnes ne croient qu'au monde matériel, elles vont l'emprisonner davantage sur le plan physique. En grandissant, ces enfants vont perdre la connexion avec leur origine.* »

Ainsi, pour accompagner les enfants, il est essentiel d'aider les adultes, et particulièrement les parents, à rester ouverts. Lorsque les parents sont prêts à accueillir leur enfant sans imposer leurs propres idées ni leur vision du monde, l'enfant peut évoluer dans un espace de liberté, de temps et de réflexion. Il est primordial de leur parler de Dieu, tout en les laissant libres de trouver leur propre vérité, en toute autonomie.

Mon expérience spirituelle, mon éveil et l'évolution de la relation avec mon enfant

À l'âge de 9 ans, dans mon pays d'origine, le Cameroun, j'ai vécu une expérience spirituelle profonde et étonnante. Un jour, nous avons entrepris un voyage à pied, mon frère, une vieille dame que je ne connaissais pas, et moi, à travers la forêt, d'un village à un autre. Je n'avais aucune idée de la destination, et mon frère non plus. Après avoir marché un certain temps, l'inquiétude m'envahit. Et soudain, quelque chose d'incroyable s'est produit : je me suis retrouvée enveloppée de lumière, comme à l'intérieur du soleil. Tout autour de moi brillait intensément, je ne voyais plus personne, et il me semblait que le temps s'était arrêté. Un silence et une paix absolus s'étaient installés, j'avais l'impression d'être transparente, flottant dans un espace hors du temps. Je ne sais combien de temps cela a duré, jusqu'à ce que la vieille dame me touche la main. Nous avons continué notre chemin comme si de rien n'était. Je n'en ai jamais parlé à personne, mais à partir de ce moment, je savais qu'un autre monde existe, un monde spirituel.

Les années ont passé, et les questions existentielles ont commencé à surgir en moi. J'ai ressenti le besoin de comprendre, de chercher des réponses. C'est ainsi que j'ai rencontré une communauté d'âmes en quête de la même chose, partageant le même chemin vers la reconnexion au divin. Puis, j'ai eu mon fils. Dès son plus jeune âge, il manifestait une curiosité étonnante pour tout ce qui touche aux astres, au soleil, à l'espace, à l'univers. Son jeu préféré, lorsqu'il était petit, était ce que nous appelions le « Jeu de la vie » : il jouait à tout, que ce soit à aller à l'école, à faire la vaisselle, ou à être malade. Peu importe la situation, il la vivait comme un jeu, un jeu de rôle et je le comprenais profondément. Avec du recul, j'ai compris que ce « Jeu de la vie » voulait dire : le monde est une vaste pièce de théâtre où chacun joue un rôle dans un décor donné. Je suis rentrée dans son jeu que je comprenais au-delà des mots, parce que, moi-même je faisais un travail intérieur qui allait dans ce sens-là.

Adolescent, il a formé un groupe d'amis avec des élèves de son collège qui ne voulaient pas fumer. Leur slogan était : « Pas de substances, que de la conscience ! » Et à chaque situation difficile qui se présentait, il me disait avec un sourire rassurant : « Ne t'inquiète pas, mamouna, ce n'est qu'un jeu ». C'est une personne étonnante, et aujourd'hui encore, il joue au « Jeu de la vie » avec sérieux et une grande profondeur. Nous échangions beaucoup sur le sens de la vie.

Les objectifs de la parentalité spirituelle

L'objectif central d'une parentalité spirituelle est d'accueillir consciemment une âme qui t'a choisie, et de l'accompagner avec un amour inconditionnel, afin qu'elle puisse comprendre l'expérience de la matière, trouver sa place dans ce monde et bâtir des relations harmonieuses. Il s'agit aussi de préserver sa filiation divine, en lui parlant de spiritualité et en l'aidant à se reconnecter à ce lien sacré. Cela passe par une communication sereine, de cœur à cœur, une grande ouverture d'esprit, une ferme bienveillance, une collaboration respectueuse, une ouverture d'esprit et une empathie active entre parents et enfants.

La spiritualité permet de se guérir de la seule grave maladie universelle chez les humains : l'oublie du divin ! Cette guérison, c'est-à-dire le rétablissement du lien avec ta source intérieure, permet de soigner toutes les blessures de l'âme que nous portons tous (rejet, injustice, etc.) Ce qui permet aussi de comprendre et d'accueillir de façon sereine les besoins de l'âme de ton enfant qui s'expriment à travers son comportement... Tu pourras entendre et répondre aux questions de son âme, telles que : puis-je exister comme je suis ? Est-ce que tu me laisses une place sans me dominer ? Puis-je être libre, sans être puni pour ma nature ? M'entends-tu, même quand je ne sais pas te le dire ? Puis-je être moi, sans te faire souffrir ? M'aimeras-tu toujours même si je ne suis pas comme tu veux ?

La spiritualité permet de déraciner la cause première de tous les maux qui minent l'être humain.

Tout cela contribue à installer la paix, l'harmonie dans les familles et dans le monde !

Peut-être te demandes-tu comment te connecter à la spiritualité ?

Je te dirai simplement d'écouter et de suivre ton cœur, car il est la porte d'accès vers la source de vie, et il te guidera sur ton chemin. Tu peux aussi pratiquer la méditation, l'introspection, la contemplation ou la gratitude. Certains choisissent d'écouter des podcasts, de regarder des vidéos, de lire des livres de Sagesse, ou encore de participer à des séminaires et des conférences sur ces sujets. Ton cœur seul est capable de te guider vers une spiritualité authentique, celle qui te correspond vraiment.

Et pour transmettre la spiritualité à ton enfant, la condition nécessaire est de la vivre soi-même d'abord. Ce que je voudrais ajouter à cela est que ce n'est pas un hobby, la spiritualité ! Ce n'est pas quelque chose qu'on fait à ses moments perdus. C'est un nouvel état d'être et une nouvelle conscience à acquérir.

Quels actes concrets dois-je commencer à poser pour transformer ma vie ?

Et je te dirai :

Tourne-toi vers ton cœur et ouvre-le à cet atome divin générateur d'énergie divine dont parle le gnostique Jan Van Rijckenborgh dans ses différents ouvrages (*Un Homme Nouveau vient*) : c'est le point de départ de tout. C'est cette énergie qui est capable d'extirper tous les blocages, troubles psychologiques, blessures et conditionnements divers de l'ego humain. Donne-lui de l'espace et du temps, car c'est le but de ton existence et ta priorité !

Sache que tu fabriques ta réalité par tes pensées et tes croyances.

Cela te permettra de te connaître toi-même en profondeur, et non ce que les autres et l'environnement te font croire que tu es. Tâches de retrouver ta voie, ton rôle, ta place propres sur cette terre en s'appuyant sur tes dons, talents et tout ce qui te donne de l'énergie, ce qui te pousse à l'action irrésistiblement, sans forcer.

Prête attention à ta façon de vivre la vie quotidienne : as-tu assez d'espace et de temps pour changer tes croyances ? As-tu trouvé ton rôle, ta place sur cette terre ? Sais-tu d'où tu viens ? Qui tu es ? Et où tu vas ?

La méditation est indispensable au quotidien, car elle aide à faire de la place pour les choses essentielles. Elle est comparée au tri des ordures.

Accepte le paradoxe qui décapite complètement la pensée matérialiste binaire, dualiste et rationaliste, qui catégorise tout sur son passage : OUI **ou** NON, Ceci **ou** Cela au lieu de « et », « à la fois » à la place de ou... Et choisis toujours le chemin du milieu.

Essaye **de vivre dans l'instant présent, en pleine conscience**, en t'absorbant complètement dans tout ce que tu fais, avec esthétisme, même dans les toutes petites choses. Chaque instant de ta vie doit avoir un sens, il doit être sacré (repas, sommeil, etc.). Tu vis pleinement ce moment présent quand tu trouves ton centre, le point qui te relie au tout. Cette quête de ton centre est déjà un cheminement extraordinaire ! Elle donne l'assurance de soi (la confiance), apporte l'équilibre et l'harmonie dans ta vie.

Observe tes pensées et tes émotions en prenant des pauses pour des moments de silence et de méditation. À quoi penses-tu tout au long de la journée ? Dans quelle atmosphère vis-tu ? Si tu arrêtes de polluer ton intérieur avec des pensées et émotions négatives, tu arrêteras de polluer la planète.

En tout, cherche toujours ce qui est sain. Cultive ta faculté de discernement surtout en cette période de confusion et de mélange.

Applique les paroles de Jésus : **« tu aimeras ton prochain comme toi-même »**. Cela suppose que tu te connais profondément, que tu t'acceptes tel que tu es, que tu sais qui tu es et qui est ton prochain.

Le premier geste écologique intérieur est le rire : rire de tout et de soi-même, cela rend léger et joyeux ! Le rire fait aussi relativiser les choses et les situations ; celui qui rit vraiment se libère des complications et de la complexité.

Cependant, fais attention à la tendance actuelle qui consiste à mélanger spiritualité et développement personnel. La spiritualité ne se réduit pas à une démarche d'amélioration de soi. Elle est un dépouillement, un retour à l'essence de notre être intérieur, pour laisser émerger la quintessence de l'être en nous.

Tu peux aller à ton rythme, je plante simplement des petites graines ici et tu choisis de les arroser ou non. C'est à toi de voir jusqu'à quel point c'est important dans ta vie.

Et il est important de souligner que la spiritualité peut se pratiquer partout, peu importe l'endroit où tu te trouves sur cette planète et même au-delà.

Chapitre 10 : Éduquer un enfant dans un pays étranger

L'immigration a toujours été une composante essentielle de l'histoire humaine, alimentée par le désir de découvrir de nouvelles cultures, de conquérir de nouveaux territoires, de rechercher un mieux-être, ainsi que des opportunités matérielles et spirituelles.

Lorsqu'une famille décide d'immigrer, c'est souvent dans l'espoir d'offrir un avenir meilleur à ses enfants. Les parents envisagent de nouvelles perspectives professionnelles, la sécurité de vie, la rencontre avec des individus d'horizons divers, ainsi que l'accès à des soins de santé de pointe dans leur pays d'accueil. Cependant, ce chemin vers l'avenir s'accompagne de sacrifices importants : la perte d'un statut social, le déracinement, l'éloignement de la famille élargie, la rupture avec le pays d'origine, et parfois une remise en question de leur propre identité. Ces bouleversements affectent profondément l'équilibre familial.

Dans ce contexte, les parents migrants prennent rarement conscience de leur fragilité dans le rôle parental, malgré le fait d'avoir choisi eux-mêmes de quitter leur terre natale. Cette vulnérabilité provient avant tout de la rupture avec leur environnement, leur culture, et les valeurs qu'ils ont héritées. La parentalité, qui repose sur la transmission des valeurs culturelles par les soins et les interactions quotidiennes, devient alors un défi majeur.

Le parent peut se sentir démuni, perdant confiance en ses capacités, car ce qu'il savait faire auparavant, ce qu'il avait appris et maîtrisé, semble désormais inefficace dans le pays d'accueil. Parallèlement, l'adaptation des enfants à leur nouvelle culture se fait souvent plus rapidement, ce qui crée un fossé entre eux et leurs parents, en particulier si ces derniers tardent à adopter les nouveaux principes éducatifs en vigueur. Cela engendre des conflits familiaux : incompréhensions, disputes, surtout à l'adolescence, période où l'enfant forge son identité.

Cette réalité est particulièrement présente au sein de la communauté africaine, que je connais bien.

Le parent immigrant africain rencontre souvent des difficultés à intégrer le principe de « l'intérêt supérieur de l'enfant », qui prévaut dans les pays occidentaux. Ce principe accorde la priorité au bien-être, aux droits et à la protection de l'enfant, parfois même au détriment des droits des parents. Une telle vision peut être difficile à comprendre pour un parent africain, ayant grandi dans une culture où l'adulte détient une autorité absolue et incontestée, et où des méthodes éducatives telles que les punitions corporelles (avec le fouet) ou les maltraitances étaient parfois perçues comme des outils légitimes.

Parfois, le parent souhaite maintenir des méthodes éducatives de son pays d'origine dans le pays d'accueil, comme par exemple laisser un enfant en bas âge seul à la maison sous la garde d'un aîné de 10 ans. Bien que cela soit courant dans son pays d'origine, cette pratique n'est pas acceptable dans le pays d'accueil, où il est impératif qu'un adulte soit toujours responsable des enfants. D'autres fois, le parent reçoit des rappels à l'ordre sous forme de signalements ou de menaces, qu'il ne comprend pas nécessairement. Dans certains cas, il peut se retirer, renoncer à ses responsabilités parentales, se refermer sur lui-même ou refuser de s'adapter, en continuant à appliquer les méthodes éducatives de son pays d'origine.

L'enfant immigrant se retrouve alors tiraillé entre deux cultures, ce qui engendre des difficultés d'adaptation, des dilemmes de loyauté envers ses parents, des troubles psychologiques, des addictions, ainsi que des ruptures des liens familiaux.

Comment accompagner ces enfants d'immigrés et leurs parents ?

1. Aider l'enfant à s'intégrer :

- **Soutenir l'apprentissage de la langue et des codes locaux :** Les enfants immigrés et leurs parents doivent apprendre à communiquer dans une langue commune. Cela signifie que les enfants doivent maîtriser la langue de leur pays d'origine avec l'aide de leurs parents, tandis que ces derniers doivent apprendre la langue du pays d'accueil afin de s'exprimer clairement et de comprendre les codes sociaux auxquels leurs enfants sont confrontés.

- **Encourager la socialisation des parents :** Il est essentiel d'aider les parents à s'intégrer socialement en favorisant leurs interactions avec les professionnels de santé, de l'éducation, ainsi qu'avec d'autres parents. Cela peut inclure la participation à des programmes d'information sur des sujets tels que l'alimentation, la santé, l'allaitement, l'éducation, etc., tout en les soutenant dans leurs démarches de formation (études, métiers). L'enfant, quant à lui, s'intègre déjà à travers ses interactions avec ses camarades et les adultes à l'école. L'enfant s'intègre souvent plus rapidement que les parents. Le milieu scolaire étant un environnement propice à la découverte de la culture du pays d'accueil.

- **Valoriser la double culture :** L'enfant bénéficie de sa double identité et navigue entre la culture d'origine et la culture du pays d'accueil. Les parents peuvent l'encourager à embrasser cette dualité et à créer une sorte de métissage culturel, en s'appuyant sur les éléments des deux cultures pour construire une identité unique. Cela nécessite une bonne connaissance et une transmission de la culture d'origine, avec le soutien des parents.

2. Adapter l'éducation au pays d'accueil :

- **Comprendre les lois sur les droits de l'enfant :** Le parent immigrant doit s'informer et comprendre les lois relatives aux droits de l'enfant dans le pays d'accueil. Cela inclut ce qui est attendu de lui en matière d'éducation et de protection de l'enfant, et ce qu'il convient de faire pour le bien-être de l'enfant et de la famille. En arrivant en France, par exemple, je ne connaissais pas les droits de l'enfant ni l'intérêt supérieur de l'enfant qui prévaut dans ce pays, car tout cela est méconnu dans mon pays d'origine. C'est en cherchant par des lectures, et en me formant que j'ai eu connaissance de ces informations. Par ailleurs, pour prendre un autre exemple, les parents en Afrique ont l'habitude de laisser leurs enfants (même des bébés) seuls dans la maison, sans aucun adulte, sous la surveillance d'un autre enfant de 10 ou 12 ans... C'est une pratique très courante et habituelle dans la culture africaine. Quand ces parents arrivent en France ou dans un autre pays d'Europe, ils peuvent vouloir continuer ce type de pratiques interdites. Ce qui peut causer des problèmes avec la protection de l'enfance. Ils ne comprendront pas tout cela s'ils ne s'informent pas à l'arrivée.

- **Adopter une approche participative :** Il est crucial de comprendre que le modèle éducatif dans le pays d'accueil diffère de celui du pays d'origine. Les parents doivent se former aux nouvelles méthodes éducatives, qui privilégient la coopération et la collaboration. C'est une démarche que j'ai adoptée en arrivant en Europe, car l'éducation était un sujet qui me tenait particulièrement à cœur.

- **Comprendre les responsabilités vis-à-vis de l'enfant :** Il est essentiel que le parent prenne en compte les besoins et les émotions de son enfant, en lui offrant un environnement où il se sent écouté, soutenu et respecté.

3. Éduquer sur les différences culturelles :

- **Respecter les différences :** Cela nécessite une bonne compréhension des deux cultures pour pouvoir naviguer habilement entre elles, en tirant parti de ce qu'elles ont de meilleur pour créer une culture unique, enrichissante et harmonieuse. Par exemple, installer le dialogue dans la famille entre parents et enfants tout en respectant les adultes et les aînés, car, en Afrique, le respect des aînés est très important parce qu'ils ont de l'expérience, et, en occident, le dialogue entre les membres de la famille est important.

- **Sensibiliser aux préjugés et aux discriminations :** Les enfants immigrés sont souvent confrontés à des discriminations ou à des préjugés. Il est important que les parents leur enseignent à développer une estime de soi solide, en valorisant leurs origines et en leur montrant qu'ils peuvent être fiers de leur identité. C'est ce que je faisais tous les jours avec mon fils. En lui racontant des contes africains, en lui lisant les livres de Sagesse africaine et en lui montrant comment elle rejoint toutes les autres sagesses (indienne, occidentale, chinoise, etc.), car la Sagesse est universelle !

4. Apprendre à se défendre :

- **Développer la confiance en soi :** Parler de l'histoire familiale avec les enfants, faire des activités agréables ensemble et encourager l'initiative chez l'enfant sont des moyens efficaces de renforcer sa confiance en soi. Enseigner la langue maternelle à ses enfants et parler avec eux. Cela crée une cohésion et une complicité dans la famille.

- **Signaler les injustices et gérer les conflits de manière légale et respectueuse :** Apprendre aux enfants à exprimer leurs émotions et à communiquer de manière constructive. Ils doivent être encouragés à se confier et à établir des valeurs solides, pour ne pas se laisser influencer par des pressions extérieures.

Les activités sportives qu'ils aiment peuvent également jouer un rôle crucial dans leur développement personnel et leur valorisation. Inscrire son enfant dans un club de football ou de karaté est un bon moyen de le valoriser, c'est ce que j'ai fait avec mon fils.

5. Équilibrer les influences éducatives :

- **Prendre ce qui est positif dans les deux cultures :** Il est essentiel de puiser le meilleur de chaque culture, en sélectionnant les valeurs qui correspondent à ce que l'on souhaite transmettre à ses enfants. Le dialogue entre les parents doit être renforcé, en encourageant les moments de partage, tout en évitant des comportements comme le laxisme, la surprotection ou la maltraitance.

La place du père

Après l'immigration, la place du père peut être difficile à définir. Dans le pays d'accueil, où tout semble être organisé autour de l'enfant et de la mère, le père perd parfois son rôle central au sein de la famille. Les sociétés occidentales favorisent souvent l'émancipation de la mère, en soutenant sa participation à la vie active à travers ses enfants, ce qui peut laisser le père en retrait, sans statut social clair. Cela peut provoquer un sentiment d'isolement, voire de persécution, car le père peut être perçu comme rigide et patriarcal, parfois même par sa propre famille et les institutions. Cette situation est d'autant plus difficile à vivre pour les pères immigrants, qui voient leur autorité et leur identité d'homme remise en question. Par exemple, dans le pays d'accueil, le père n'est plus le seul à ramener de l'argent à la maison, la femme peut en apporter même plus. Ce qui désarme le père qui ne trouve plus sa place au sein de la famille. Ou alors, il doit s'occuper des enfants alors qu'il ne le faisait pas dans le pays d'origine.

Autre exemple : Le pays d'origine valorise le mariage pour préserver la famille et la communauté et le pays d'accueil pas vraiment.

En l'absence du père, cela peut créer un vide, notamment pour les jeunes garçons qui n'ont plus de modèle parental fort sur lequel se reposer pour se construire. Cela peut les rendre vulnérables, en l'absence de repères clairs. Il est donc crucial de soutenir et d'accompagner le père immigrant par l'écoute (groupe de parole), accompagnement à la recherche de solutions adaptées, pour prévenir des problèmes comme la délinquance ou les addictions chez les adolescents, mais aussi pour éviter les conflits familiaux (violence, séparation, divorces).

En l'absence du père, combler le vide avec des figures masculines positives : Il est important d'équilibrer l'autorité et la bienveillance, pour que l'enfant puisse avoir un modèle masculin solide, même si le père est absent.

Élever un enfant dans un environnement culturel différent est un immense défi, qui nécessite une attention constante et une grande capacité d'adaptation. Le parent immigrant doit faire preuve d'une ouverture d'esprit pour s'intégrer dans la nouvelle culture, tout en préservant les valeurs de sa culture d'origine. Cela permet non seulement de s'épanouir dans le pays d'accueil, mais aussi de vivre de manière harmonieuse, en créant un pont entre les deux cultures pour ses enfants. Ce faisant, une autre culture hybride naît, comme une troisième culture ou troisième race. Des personnes qui ne sont plus reconnues dans leur pays d'origine, donc deviennent étrangères là-bas et, parallèlement, ne sont pas reconnues comme des citoyens à part entière dans le pays d'accueil. C'est ainsi qu'on trouve des enfants d'immigrés de deuxième ou troisième génération qui ne connaissent pas la culture d'origine de leurs parents, mais qui sont toujours considérés comme des étrangers dans le pays d'accueil. Cela crée de véritables problématiques et une recherche d'identité permanente.

« La discipline et la liberté sont deux faces d'une même médaille. La discipline doit émerger de la liberté et non être imposée de l'extérieur. »

Maria Montessori

PARTIE 3 :
JE GÈRE LES CONFLITS

Chapitre 11 : La violence ne résout rien

La violence, qu'elle soit physique ou psychologique, ne constitue en aucun cas un outil éducatif, malgré l'opinion de milliards de personnes à travers le monde.

Les chiffres parlent d'eux-mêmes : en 2022, un rapport de l'UNICEF révèle qu'en Amérique latine et dans les Caraïbes, les enfants sont exposés à la violence dès l'âge de 1 an, que ce soit à la maison, à l'école ou dans la rue. Près de deux enfants sur trois, âgés de 1 à 14 ans, sont soumis à des mesures disciplinaires violentes au sein de leur foyer.

Au Cameroun, par exemple, 90 % des enfants sont battus chez eux, tandis que 97 % subissent des violences à l'école, bien qu'une loi interdise la bastonnade dans les établissements scolaires. Une enquête de l'UNICEF réalisée en 2015 montre que 60 % des enfants en Afrique sont victimes de violences régulières, telles que la privation de nourriture, les châtiments corporels (coups, blessures, brûlures).

En Côte d'Ivoire, une étude menée par le ministère de la Femme, de la Famille et de l'Enfant en 2018 révèle que 58 % des filles et 66 % des garçons subissent des violences durant leur enfance (Cf. site Les Afriques).

Ces normes culturelles ne sont pas vraiment appropriées à l'éducation d'un enfant même si elles continuent d'être pratiquées.

Aujourd'hui, les neurosciences nous montrent que maltraiter un enfant, le frapper, revient à bloquer le développement de la matière grise de son cerveau et à altérer le cortex préfrontal, ce qui entraîne l'altération des fonctions exécutives, des difficultés d'apprentissage, de réflexion et de mémorisation.

Maltraiter un enfant, c'est aussi bloquer ses émotions alors qu'elles sont essentielles pour le bien-être humain. Ce qui génère des difficultés à s'exprimer, à s'affirmer, à prendre des initiatives, à développer un sens moral, à entretenir des relations sociales saines, à faire des choix éclairés et à résoudre des conflits.

Frapper ou maltraiter un enfant, c'est aussi lui enseigner la violence et l'agressivité, ce qui peut engendrer des troubles du comportement, notamment à l'adolescence. Les jeunes apprennent ainsi qu'il faut être violent pour résoudre les problèmes et obtenir ce que l'on veut. C'est ainsi qu'à l'âge adulte, cela se traduit par des excès : violences conjugales, guerres, etc. Par conséquent, cela se répercute sur les comportements collectifs de la société : malhonnêteté, corruption, manque d'estime de soi, absence d'empathie, complexes (d'infériorité, de supériorité), etc.

Mais qu'en est-il de l'âme de l'enfant face à toute cette violence ? S'est-on déjà posé cette question ?

Un adage populaire africain dit : L'enfant et son âme sont comme la tortue, ils ont besoin de silence et de calme pour s'épanouir et sortir la tête de la carapace. Mais si tu la frappes, pour se protéger, elle se retire dans sa carapace et on ne peut plus rien n'en tirer.

La force qu'un enfant possède pour grandir vient de l'intérieur, comme une graine. Si cette graine est plantée sur un rocher, sous le soleil ardent du désert, cette force ne pourra pas se manifester et la graine deviendra inutile.

Tout ceci pour dire qu'un enfant a besoin de douceur, d'un environnement propice, sans violence, pour pouvoir manifester son potentiel et celui de son âme.

Ne pas frapper un enfant ne signifie pas pour autant le surprotéger ou le laisser livré à lui-même. Bien souvent, lorsqu'on parle d'éducation positive ou consciente, beaucoup associent cela au laxisme, c'est-à-dire laisser l'enfant faire tout ce qu'il veut par peur de le frustrer, de lui dire non, ou pour éviter une crise. On cherche à « acheter la paix », car on n'est pas disponible pour lui, ou parce qu'on ne sait pas comment établir un cadre, ou encore par épuisement, avec l'impression d'avoir tout essayé.

Cependant, laisser un enfant sans cadre est une forme de maltraitance aussi grave que la violence. C'est une souffrance aussi profonde qu'une douleur physique ou psychologique. Le cadre est pour l'enfant ce que le tuteur est pour la plante : une aide indispensable à sa croissance. Une plante s'appuie sur son tuteur pour bien s'enraciner et grandir droit.

Un parent qui cède à tout, qui flatte son enfant avec une surabondance de loisirs, éteint le feu de l'esprit qui pourrait lui permettre de se comprendre, de se forger une pensée ardente en quête de vérité, en lui-même et en toute chose. Livrer l'enfant à la satisfaction illimitée de ses désirs, c'est corrompre son âme et encourager la fausseté et la malhonnêteté, parce que la vie n'est pas ainsi faite.

Parfois, le parent punit son enfant pour de mauvaises raisons, par exemple : des maladresses telles que casser un vase ou un verre. Ce sont des erreurs qui font partie de son développement à cet âge : dire « non » entre 2 et

3 ans, ne pas savoir se brosser les dents correctement avant 6 ans.

Punir un enfant parce qu'il ne réussit pas un devoir difficile ou obtient des performances en dessous de tes attentes, ou encore parce qu'il ne parvient pas à mémoriser une table de multiplication, c'est incompréhensible. Tu imagines si un géant te punit, toi le parent ou l'adulte qui est en train de lire cette phrase, parce que tu ne sais pas piloter un avion ? Comment vas-tu te sentir ?

Punir un enfant qui ne connaît pas ou qui n'a pas compris une règle est tout aussi erroné.

Tout cela était devenu insupportable pour moi, quand j'habitais en Afrique, à la naissance de mon fils. Je ne pouvais pas tolérer cette violence envers un être que je tenais dans mes bras.

Il existe pourtant des solutions pour agir autrement, pour rompre avec cette violence, car elle ne résout rien. Elle sème simplement la terreur pour des résultats éphémères et engendre encore plus de violence. Il existe des conseils, des astuces qui peuvent sembler être des solutions toutes faites, mais qui aident vraiment les parents désemparés à trouver un chemin différent. Tu les trouveras par la suite dans ce livre et surtout dans mon premier livre *Éduquez sans frapper*.

Mais ce qu'il faut mettre en tête c'est que l'autorité et le respect que tous les parents désirent ne peuvent être acquis qu'en modifiant leur propre comportement. Les enfants d'aujourd'hui sont là pour nous le rappeler.

Et pour opérer un véritable changement en profondeur, il est nécessaire de faire le point sur l'éducation que l'on a reçue lorsqu'on était enfant.

Chapitre 12 : Faire le point sur l'éducation transgénérationnelle reçue

L'éducation transgénérationnelle fait référence à la transmission des valeurs, des croyances et des comportements d'une génération à l'autre. Elle joue un rôle primordial dans la formation de l'identité et des attitudes d'un individu. J'ai rencontré des parents qui ont été éduqués par des personnes qui ont connu la guerre par exemple (la Seconde Guerre mondiale). Ces jeunes parents ont reçu en héritage éducatif la peur du manque, le stress de l'insécurité, la surprotection des enfants. Et à leur tour, ils transmettent cela à leurs enfants.

Il est essentiel de s'interroger sur l'impact des expériences vécues par nos parents, grands-parents et ancêtres sur nous. Si l'on veut arrêter le cycle des violences faites aux enfants. L'Africain doit se questionner sur l'esclavage, par exemple : l'impact des violences subies à cette période sur la normalisation de la violence dans l'éducation des enfants.

Les valeurs, les traumatismes et les croyances peuvent se transmettre, consciemment ou inconsciemment. C'est-à-dire que les parents peuvent décider en leur âme et conscience de transmettre telles ou telles valeurs à leurs enfants, par contre, les traumatismes sont juste vécus et se transmettent sans la conscience et la volonté de le faire. Ils se transmettent par le comportement et les attitudes.

Lorsqu'on devient parent, il est primordial de réfléchir à ces dynamiques, particulièrement au 21e siècle, parce que les enfants nouveaux sont des radars qui détectent des failles à travailler en nous. Ils sont là pour faire prendre conscience de nos limites pour qu'on les transforme en vue d'un monde nouveau. C'est leur rôle !

Voici quelques questions que je soumets à ta réflexion :

- Quelles sont les valeurs qui m'ont été transmises ?
- Comment les valeurs de ma famille ont-elles façonné ma vision du monde ?
- Quels comportements de mes parents ont influencé mes choix et mes interactions avec les autres ?
- Existe-t-il des aspects que je souhaite modifier ou adapter pour mes enfants ? Par exemple, ici, tu peux te demander si la violence est vraiment un outil éducatif ? Les parents en Afrique, lors de mes conférences disent toujours : « nous avons nous-mêmes été battus étant enfants, ça ne nous a pas tués ». Est-ce que cette phrase est un argument valable pour continuer à perpétuer et perpétrer ce genre d'actes sur tes enfants ?
- L'éducation que je prodigue à mon enfant lui permettra-t-elle de s'épanouir et d'être heureux dans le monde qu'il habitera lorsqu'il sera adulte ? Le monde qu'il habitera adulte sera forcément différent de celui des parents.

Les traumatismes et les habitudes intergénérationnels peuvent se transmettre de génération en génération et peuvent devenir un mode de vie. L'exemple du Cameroun est particulièrement parlant : dans ce pays, la violence physique infligée aux enfants perdure depuis des générations, au point que cette pratique est perçue comme une tradition, une norme culturelle. Ainsi, des croyances toxiques se transmettent et se perpétuent au fil des générations, au même titre que la culture.

Voici quelques-unes de ces croyances, communément partagées par la plupart des parents dans le monde, à travers les âges :

- « C'est mon enfant, c'est moi qui l'ai fait ! »
  Sous-entendu : « J'en fais ce que je veux ! »
- « Il faut apprendre à l'enfant que la vie est dure ! »
  Sous-entendu : lui faire subir ce que le parent a lui-même enduré ?
- « Il faut crier, punir, frapper son enfant pour qu'il comprenne ! »
  Sous-entendu : il est censé « réussir » à tout prix.
- « L'enfant fait exprès de désobéir, de faire des caprices et des crises ! »
- « L'enfant doit obéir, c'est ainsi depuis toujours. »
- « La violence est un outil éducatif ! »
  Sous-entendu : parce qu'elle est pratiquée depuis toujours.
- « L'enfant doit être "sage" ! »

Ce type de croyance mène à l'acceptation de la violence, un phénomène que beaucoup de parents cherchent pourtant à éviter. D'ailleurs, les nouvelles générations d'enfants, qui sont porteuses de changements, souffrent davantage de cette éducation traditionnelle.

Ainsi, le parent d'aujourd'hui, désireux de transformer sa manière d'éduquer, doit entreprendre un travail d'introspection pour se libérer des traumatismes hérités des générations passées.

Le premier pas vers la libération de ces croyances transgénérationnelles est la prise de conscience. Comprendre l'histoire de ses ancêtres et la manière dont ils ont vécu permet de mettre en lumière nos comportements et nos schémas répétitifs, qu'ils soient conscients ou non. Nous sommes tous le produit d'un système familial et l'héritage issu de ce système conditionne malgré nous certains schémas, comportements limitants. Il existe des thérapies sur les constellations familiales qui aident à débloquer certaines souffrances.

Il est également essentiel de réfléchir sur sa propre enfance et sur le style d'éducation reçu, afin d'éviter que son passé n'influence négativement et inconsciemment la relation avec son enfant. Certains parents se font aider par des thérapies diverses (psychologie, la sophro-analyse, la méditation, la médecine narrative, etc.).

Il y a ici une démarche personnelle à faire pour la recherche de solution concrète, c'est-à-dire : reconnaître déjà qu'éduquer par la violence est un problème, ensuite chercher une solution pour résoudre ce problème et se prendre en charge. Là aussi, il n'y a pas de recette miracle toute faite pour tous.

Faire ce travail de réflexion permet non seulement de mieux comprendre son parcours, mais aussi de repenser les façons d'éduquer pour influencer positivement les générations futures. C'est un processus enrichissant qui invite à la réflexion, à la prise de conscience et, finalement, au changement.

Alors, quelle est la solution ? Comment sortir de ce cercle transgénérationnel ?

« Donner l'exemple n'est pas le principal moyen d'influencer les autres, c'est le SEUL. »

Albert Einstein

Chapitre 13 : Le parent est la solution !

Le parent est la solution parce qu'il est aussi le problème. Dans ce sens, on pourrait dire : « Montre-moi ton enfant, je te dirai qui tu es ». L'ingrédient secret et essentiel dans l'éducation d'un enfant, c'est LA POSTURE du parent ou de l'adulte. Oui, le parent (l'adulte) est LA solution à tous les problèmes rencontrés dans l'éducation, parce que c'est lui qui est chargé d'accompagner et de guider l'enfant qui se sent étranger dans ce monde.

Déjà, au départ, avant même que la mère réalise qu'elle est enceinte, l'âme de son enfant l'a déjà choisie. J'ai rencontré une jeune femme, un parent d'élève, qui m'a confié un jour qu'elle savait exactement combien d'enfants elle devait avoir et dans quel ordre ils viendraient, car elle les avait déjà vus dans un rêve.

L'âme de ton enfant te choisit pour venir vivre ce qu'elle a à vivre avec toi. Et quand elle arrive, elle transfère le lien qu'elle avait avec l'Être Suprême, l'énergie divine, à ses parents qui, désormais, deviennent ses guides sur cette planète qu'elle apprend à découvrir.

Voici, par exemple, ce dont se souvient le petit Flavio C, un argentin de 8 ans qui a gardé sa liaison la connexion avec son âme divine, comme il l'a écrit dans son livre intitulé *Je viens du Soleil* :

« Je me souviens de centaines de boules lumineuses, car tout ce qui vit est une boule de lumière. J'en vois certaines qui peuvent m'aider à vivre sur cette planète si difficile. Je vois deux mères possibles : l'une avec une personnalité forte, l'autre avec une personnalité plus douce, mais juste. Cette dernière est accompagnée d'une autre boule de lumière qui brille beaucoup. Eux m'attirent parce qu'ils sont unis par l'amour ; ils seront mes parents. Je sais qu'il faut que j'y aille. Je commence à me sentir de plus en plus attiré vers eux. »

Maintenant que tu es conscient que ton enfant te choisit, c'est à toi de faire tout ce qui est en ton pouvoir pour lui permettre de s'épanouir dans cette aventure terrestre. C'est pourquoi il est nécessaire que tu te transformes pour être un vrai guide et que tu trouves des outils qui conviennent spécifiquement à cet enfant. Tu peux utiliser ton intuition parentale, ton instinct et ton bon sens pour rechercher ce qui correspond réellement à ton enfant, sans appliquer des recettes toutes faites d'éducation, conçues pour un élevage en batterie standardisé. Tu peux aussi te former à certaines méthodes, telles que l'éducation positive, la méthode Montessori, Steiner, la communication non violente...

Agis comme un guide, cette personne qui accompagne une autre pour lui montrer le chemin, car elle connaît ce chemin. Mais agis avec humilité parce qu'on est tous toujours en apprentissage. Peux-tu affirmer que tu sais vraiment ce qu'est la vie ?

Que tu vis la vie que tu as toujours voulu vivre ?

Tu es la solution pour ton enfant !

Il suffit d'être et de faire ce que tu demandes à ton enfant d'être et de faire. Sois l'homme ou la femme que tu veux que ton enfant soit ! Si tu es heureux et que tu prends soin de toi, ton enfant fera de même. Si tu es spirituel, ton enfant l'est déjà, et tu l'accompagneras encore davantage dans cette voie. Vous allez vous comprendre de façon profonde. Si tu le respectes, il te respectera en retour. Si tu l'aimes inconditionnellement, il le fait déjà, car tu es son guide et son modèle.

Tu n'es pas là pour être le serviteur de ton enfant ni son maître d'ailleurs.

Le serviteur est le parent qui a lu tous les livres d'éducation, qui est aux petits soins avec son enfant, qui tente de l'éduquer de la manière la plus douce possible. Il est à l'écoute de son enfant, évite de le frustrer, lui donne beaucoup d'attention, prend le temps d'expliquer les demandes et les interdits, négocie, valorise tous les bons comportements, le couvre de cadeaux et distribue des récompenses, mais ne reçoit en retour que mépris et désobéissance. Ce comportement est dû au fait que l'enfant ressent que celui de son parent n'est pas authentique. Il n'est pas vraiment lui-même et applique simplement des méthodes qu'il a apprises. Ce n'est pas une véritable transformation de l'être. Les enfants d'aujourd'hui sont des radars qui détectent toutes les zones d'ombre, d'incohérence et de simulation.

Le maître est le parent dictateur, celui qui sème la terreur dans sa maison avec des cris, des bastonnades ou des punitions, ce qui renforce la colère de l'enfant, son ressentiment et ses comportements inadaptés. Il veut que tout le monde lui obéisse. Il croit que le fait d'avoir donné naissance à l'enfant lui donne tous les droits sur lui. Il n'écoute pas, ne dialogue pas et attend d'être servi. En Afrique, par exemple, dans la plupart des familles, ce sont les enfants qui font la cuisine, qui vont chercher de l'eau et font tous les petits travaux ménagers.

On retrouve ces deux types de parents dans une grande partie de la population. Il existe aussi des variantes, comme le parent policier, qui est toujours sur le dos de son enfant, surveille tout et contrôle tout ce qu'il fait. On dirait une prison !

Ce que je préconise, c'est de devenir un parent conscient, éveillé spirituellement, qui connaît profondément la vie, l'homme, jusqu'aux domaines subtils. Il sait où il va, qui il est et quel est le but de sa vie sur cette planète.

Il devient un parent-guide et un modèle pour son enfant. Il commence réellement à écouter son enfant, se remet sincèrement en question, et ce recul le rend humble, car l'humilité n'est pas une faiblesse, mais une vertu fondamentale dans l'éducation. Cette qualité permet au parent de savoir qu'il ne sait pas tout et qu'il doit continuer à apprendre même de ses enfants. Elle permet le respect mutuel et la construction de relations saines au sein de la famille.

Il fait véritablement confiance à son âme et à celle de l'enfant. Il voit objectivement les situations et les fait évoluer positivement, par exemple l'état des lieux de la relation avec son enfant.

Le parent-guide, ou le parent conscient est ferme et bienveillant en même temps. Il a la force de caractère, la capacité à exprimer clairement ses attentes, le dynamisme et la détermination, tout en offrant chaleur, empathie, respect, gentillesse et réel intérêt pour ses enfants.

Ce n'est pas un parent parfait, car la perfection humaine n'existe pas encore sur notre planète, et les enfants le savent ! C'est simplement un être en transformation constante et consciente, ce qui lui donne la souplesse d'esprit, la cohérence, l'amour et le respect nécessaires pour accompagner les enfants du troisième millénaire.

Un parent conscient a une bonne connaissance de soi, de ce qui peut déclencher et nuire à ses interventions. Il est capable de s'arrêter avant d'agir auprès de l'enfant pour choisir consciemment le comportement le plus approprié à la situation. Le parent conscient voit au-delà des attentes, croyances et pressions sociales.

Le parent conscient a pour objectif d'accompagner son enfant à découvrir et à dévoiler son essence unique. Le parent conscient est un guide, un leader, qui allie rigueur et chaleur pour faire régner l'harmonie dans sa famille !

Et comment le devenir ? Me demanderas-tu.

Dans le chapitre sur la spiritualité, j'ai donné quelques pistes concrètes pour une transformation spirituelle qui est à la base du devenir conscient d'un parent. Ensuite j'ai parlé de quelques thérapies de l'âme qui existent.

Il y a ensuite l'accompagnement que je propose pour les parents. C'est la méthode C.A.P.E., que j'ai conçue pour les parents qui veulent travailler leur posture éducative, les parents qui veulent ouvrir leurs cœurs à l'amour inconditionnel. Je parle plus en détail de cet accompagnement dans la conclusion.

Beaucoup d'autres outils de transformation existent de nos jours, il y a juste à choisir celui qui te parle le plus et qui te fait vibrer.

Voici un exercice sur les croyances pour commencer ce travail magnifique dès à présent !

COMMENT MODIFIER UNE CROYANCE LIMITANTE ?

Une **croyance** est une certitude intérieure, souvent inconsciente, que quelque chose est vrai, réel ou digne de confiance. Tout au long de notre vie, nous développons des croyances, certaines nous aident à avancer, d'autres, au contraire, nous freinent. Lorsque nous naissons et grandissons dans un environnement, nous sommes naturellement **conditionnés** par les croyances qui y règnent, qu'elles soient aidantes... ou **limitantes**.

Certaines croyances deviennent même des convictions profondément ancrées, simplement parce qu'elles sont répétées, génération après génération. Voici un exercice de prise de conscience et de transformation de ces croyances limitantes. Munis-toi d'un cahier ou d'une feuille, et prends le temps de répondre, avec honnêteté, aux questions suivantes :

1. Quelle est ma croyance actuelle sur l'éducation ?
   (Par exemple : « Un enfant doit toujours obéir », « Si je ne punis pas, je perds le contrôle », etc.)
2. Qui m'a transmis cette croyance ? Est-ce que je sais d'où cette personne la tient ?
3. Quelles étaient ses intentions positives en me transmettant cette croyance ?
4. Est-ce que je suis d'accord avec cette croyance ? En quoi suis-je en désaccord ?
5. Par quoi aimerais-je remplacer cette croyance ? Comment pourrais-je la transformer en croyance

aidante ? *(Ex. : « Un enfant a besoin d'un cadre et d'écoute pour coopérer »)*
6. Qui, dans mon entourage, porte déjà cette nouvelle croyance ?
7. Quelle est la première action concrète que je peux faire pour avancer vers le changement ?
(Même si c'est une toute petite chose)
8. Qui, dans mon entourage, risque de mal réagir si je change cette croyance ?

(Inspiré d'un exercice de la coach Nancy D)

Une fois ce travail de réflexion terminé, prends un moment pour faire le point et symboliser ce passage. Il ne s'agit pas seulement d'analyser, mais aussi de libérer. Ensuite, je t'invite à **écrire une lettre de remerciement** et d'adieu à ta croyance limitante. Remercie-la pour ce qu'elle t'a permis de vivre ou d'éviter, puis **libère-toi** d'elle. Exprime ton choix de faire autrement, en conscience.

Cet acte symbolique t'aidera à tourner la page en conscience et à accueillir pleinement la nouvelle version de toi-même.

Tu peux prendre quelques minutes pour visualiser la nouvelle situation et l'apaisement qu'elle t'apporte, puis un moment de silence pour assimiler tout cela.

En faisant ce travail, tu libères une charge énergétique, un nœud émotionnel qui te pesait et te faisait agir de façon automatique.

Et te voilà prêt à gérer les disputes et le manque de communication avec tes enfants !

Chapitre 14 : Gérer les disputes et le manque de communication

Dans ce chapitre, nous allons identifier ce qui rend les relations avec ton enfant si tendues. Pourquoi perds-tu patience ? Qu'est-ce qui t'énerve ? Si tu parviens à répondre à ces questions, tu peux ensuite trouver des solutions.

Lorsque j'élevais mon fils, je n'arrivais pas vraiment à comprendre pourquoi je m'énervais si souvent. J'ai pris le temps de réfléchir aux causes principales des conflits à la maison. Pour mon fils, c'était le cadre, c'est-à-dire les limites, qu'il n'arrivait pas à accepter. Je croyais qu'il était le seul dans ce cas, tant l'entourage me renvoyait l'image d'un enfant « têtu », comme on dit en Afrique. Puis, au fil de mes formations, j'ai appris et expérimenté qu'il existe plusieurs raisons à l'origine de ces tensions, qui se regroupent en cinq grands blocs :

1. Les limites (le cadre) : Ce sont toutes les règles instaurées au sein de la famille. L'enfant voit cela comme une restriction à ses possibilités d'exploration, comme une contrainte. C'est pourquoi il a du mal à les accepter. Le rôle du parent est d'amener l'enfant à coopérer pour le respect de ces règles, qui sont essentielles pour que l'enfant se sente en sécurité et puisse se construire. Les règles doivent être les mêmes pour tous, y compris pour les parents. Par exemple, si la règle à la maison est de ne pas consulter son téléphone à table, les parents doivent également respecter cette règle.

2. Les routines : Ce sont les tâches quotidiennes, comme le ménage, les devoirs, l'heure du coucher, le brossage des dents, etc. L'enfant a parfois du mal à les accomplir spontanément, surtout s'il n'a pas pris l'habitude de le faire. Il négocie en argumentant, il essaye de repousser l'heure de la tâche. Tout cela cause des tensions avec le parent, il perd patience.

Ici, la disponibilité du parent est essentielle pour accompagner l'enfant à développer de bonnes habitudes dès le plus jeune âge. Par exemple, pour le brossage des dents, je me brossais les dents en même temps que mon fils, en lui montrant comment frotter. Cela devenait un jeu qu'il appréciait énormément.

3. La communication et la compréhension : Comprendre les réactions, les besoins et les points de vue de nos enfants, et communiquer clairement avec eux est souvent difficile pour les parents au quotidien. Accueillir les crises, les frustrations, les refus, se faire obéir, écouter les opinions et échanger calmement demande énormément de patience et d'indulgence. Par exemple, quand ton enfant fait une crise au supermarché, il faut pouvoir déceler son besoin, arriver à rester calme malgré tout, savoir à quel moment parler avec lui ou se taire, savoir désamorcer la crise.

4. L'autonomie et l'indépendance : Selon leur âge, les enfants veulent prendre leurs propres décisions, faire ce qui leur passe par la tête et accomplir des choses seuls. Cela génère souvent des peurs et des angoisses, et demande une grande disponibilité de la part des parents. Ici, il est fondamental de faire confiance à son enfant, tout en maintenant un cadre.

5. Les écrans : Actuellement, les enfants aiment les écrans, les jeux vidéo et autres activités virtuelles, tandis que les parents préfèrent des activités plus concrètes et saines. Cela génère de plus en plus de conflits, surtout au moment de passer du temps d'écran à une autre activité.

Toutes ces raisons expliquent la majorité des conflits familiaux, avec des variations selon les caractères des enfants. Heureusement, des solutions existent !

La première étape consiste à identifier les raisons principales des conflits dans ta famille parmi celles mentionnées ci-dessus. Une fois cela fait, il sera plus facile de mettre en place des solutions adaptées.

En réalité, ces tensions ne sont pas uniquement liées à nos enfants, car ils vivent simplement leur état d'enfant. Nous, les adultes, avons tendance à croire que les problèmes viennent des enfants. Pourtant, ces conflits sont souvent le résultat de notre état d'être : en tant que parents modernes, nous sommes stressés, fatigués, irrités, frustrés et découragés. Entre les responsabilités professionnelles, les tâches ménagères, les exigences familiales et la charge mentale qui en découle, le parent n'a souvent plus de temps pour lui-même. Ce cercle vicieux crée de l'épuisement, de l'indisponibilité et de l'impatience. Voilà le véritable problème !

Comment sortir de cette impasse ?

Je vais partager quelques solutions qui ont fonctionné pour mon fils, ainsi que pour les enfants que j'accompagne au niveau professionnel. Mais c'est à toi d'être créatif et de personnaliser ces solutions pour les adapter spécifiquement à ton enfant.

1. Organiser son temps : Crée un planning des tâches ménagères, avec les jours, les heures et les tâches attribuées à chaque membre de la famille. Dans ton agenda, prévois des moments dédiés à tes enfants (en famille ou un temps de qualité avec chacun), à ton conjoint (un tête-à-tête pendant que les enfants sont chez la nounou ou les grands-parents) et à toi-même (faire du sport, des soins, lire, voir des amis, etc.). Ces moments sont non-négociables pour le bien-être de toute la famille.

2. Améliorer la communication : Essayons d'améliorer notre façon de communiquer, en particulier avec les enfants d'aujourd'hui. Ils ont besoin de comprendre le sens de ce que nous entreprenons avec eux. Soyons positifs, respectueux, et encourageons-les plutôt que de les critiquer ou de crier. Écoutons-les jusqu'au bout, sans les interrompre. Encourageons-les à parler de leurs émotions et, lorsqu'ils sont petits, nommons ces émotions pour eux : « Je vois que tu es en colère », ou « Tu as peur, n'est-ce pas ? ». Cela permet à l'enfant d'apprendre à s'exprimer, à dire ses ressentis, pour ne pas devenir agressif faute de pouvoir s'exprimer autrement.

3. Définir des règles simples et claires : Les règles doivent être compréhensibles pour tous. Si nécessaire, utilise des supports visuels (images, affiches). Par exemple, chacun enlève ses chaussures en entrant dans la maison (les parents doivent aussi respecter cette règle et toutes les autres d'ailleurs). Les jeux et jouets doivent rester dans les chambres ou la salle de jeux, et ne pas déborder dans les espaces communs (salon, cuisine, couloirs, etc.). Avec les enfants, je t'invite aussi à déterminer les conséquences en cas de non-respect des règles. Par exemple, celui qui ne respecte pas le temps fixé pour l'écran est privé d'écran pendant une journée.

Dans ce cadre, les enfants ont besoin d'un adulte solide et déterminé, en qui ils peuvent avoir confiance pour respecter les règles. Assure-toi que les règles établies sont respectées jusqu'au bout : cela garantit ta crédibilité. Tu peux réduire le nombre de règles, mais celles qui demeurent doivent être respectées avec fermeté et bienveillance. Cela rassure les enfants et évite toute confusion, car ils sont en phase d'apprentissage.

4. Créer une équipe familiale : Forme une équipe avec tes enfants, dont tu es le capitaine. Ensemble, vous vous entraidez, vous vous soutenez les uns les autres et vous créez une forte complicité. Par exemple, vous pouvez inventer un slogan qui représente votre famille et renforce vos liens, créer une chanson que toute la famille chante à certains moments. Mon fils et moi avons instauré un moment en famille « Family Time » surtout quand mon fils était adolescent. Chaque dimanche, on prenait (et ça continue aujourd'hui) un temps pour danser ensemble, échanger sur la spiritualité, faire un jeu, parler de sa passion aux autres membres de la famille.

Et surtout, fais confiance à ton instinct parental, tu sais au fond de toi ce qui est bon pour tes enfants et ta famille. Écoute activement ton enfant, et explique encore et encore les choses, car quand un enfant arrive sur la Terre, il est dans le même état que si tu vas dans une autre planète dans laquelle habite une race d'extraterrestres dont tu n'as jamais entendu parler. Et dont tu ne connais ni la culture ni les habitudes. Tu seras maladroit, curieux, tu ne comprendras pas les comportements, tu ne sauras pas leurs interdits, tu seras malheureux et terrorisé si personne ne te tient la main pour t'expliquer, te guider et si, en plus, on te crie dessus à la moindre erreur... Ton enfant se trouve dans la même situation. Sois donc indulgent avec lui et guide-le dans ce labyrinthe, dis-lui ce que tu ressens et sois authentique.

Enfin, voyons maintenant la cause principale des disputes entre frères et sœurs...

Chapitre 15 : Gérer les conflits entre frères et sœurs

Dans une fratrie, des conflits entre frères et sœurs sont inévitables, et c'est tout à fait normal : c'est la vie ! Les enfants se construisent aussi à travers leurs interactions et leurs confrontations. Ils ne sont pas des « œufs » à protéger à tout prix, bien au contraire, ils peuvent même s'éduquer seuls !

Pour illustrer ce propos, je vais te raconter une histoire vraie, tirée du magazine Pentagramme Nº 6 de 1999, qui s'est déroulée en Pologne en 1920.

Un médecin-psychologue avait créé un orphelinat à Varsovie et confié sa gestion aux enfants eux-mêmes. Il ne s'impliquait pas du tout dans leur quotidien. Sa seule mission était de chercher des dons pour subvenir à leurs besoins.

Les enfants prenaient soin les uns des autres et préparaient les repas. Ils avaient leur propre tribunal et leurs propres lois, qui constituaient la plus haute instance de l'institution. À tour de rôle, les enfants assumaient les rôles de juges, plaignants ou avocats.

Des commissions venues de tout le pays et de l'étranger venaient observer et étudier cette communauté. Elles ont noté plusieurs points importants :

- Toutes les règles, lois et décisions étaient établies et scrupuleusement respectées par tous les enfants. Ils étaient exigeants, sincères, authentiques et naturels. Ils s'éduquaient mutuellement en matière de relations, d'une manière plus efficace que ne l'auraient fait les adultes.

- Ils avaient un grand respect pour les adultes, et en particulier pour le médecin, qu'ils aimaient profondément. Ils avaient trouvé en lui un adulte qui reconnaissait leur valeur et leur faisait pleinement confiance.

Maria Montessori a, dans la même optique, créé « La Maison des Enfants » en Italie. C'était un environnement préparé en amont, permettant à l'enfant de s'éduquer et de se corriger lui-même en cas d'erreur. Maria Montessori a beaucoup observé le comportement des enfants avant de mettre en place sa pédagogie. Elle crée alors un environnement adapté et du matériel de travail pour pouvoir nourrir l'esprit absorbant de l'enfant, leur permettant d'aller et venir, de choisir ce qu'ils voulaient faire. Ils utilisaient du matériel autocorrectif sans intervention de l'adulte. De ce fait, les enfants étaient très concentrés, respectaient les règles, se respectaient les uns les autres. Et en cas de conflit, ils trouvaient une solution.

Tout ceci pour te dire que les conflits entre frères et sœurs ne sont pas forcément négatifs. Ils existeront toujours, car là où il y a des interactions, il y a souvent des désaccords. Ces conflits participent également à leur construction. Ce qui importe, c'est la fréquence et l'intensité de ces situations, qui doivent être surveillées.

Les adultes fuient parfois la confrontation avec les enfants, mais ces moments sont propices pour clarifier les situations et les résoudre. Dans une maison ou un appartement, cependant, les chamailleries des enfants peuvent devenir pénibles pour les parents, surtout lorsque les cris, les pleurs et les bruits s'intensifient. Les enfants cherchent souvent à attirer l'attention de leurs parents, et pour ce faire, ils se disputent les jouets, se bagarrent ou chouinent pour des choses insignifiantes.

Ces comportements peuvent aussi être un signe que quelque chose ne va pas, et il est essentiel pour le parent de changer sa posture et sa manière d'être avec eux. Je connais une maman qui est toujours sur son téléphone quand elle est à la maison avec ses enfants. Elle est tellement absorbée par ce qu'elle regarde sur son téléphone qu'elle ne fait plus du tout attention aux enfants. Sa petite dernière qui ne tient pas en place fait tout ce qu'elle peut pour que sa mère s'occupe d'elle : elle arrache son téléphone, elle arrache les jouets de ses frères qui se plaignent ensuite, tape sur ses frères et les accuse de l'avoir tapé. La mère lève la tête de temps en temps et crie pour résoudre le problème, et se plonge à nouveau dans son téléphone. Le comportement recommence de plus belle. Elle ne s'arrête pas tant que la maman n'a pas pris le temps d'être avec elle pendant quelques minutes. Là ce ne sont pas vraiment des disputes avec ses frères. C'est l'attitude du parent qui est à modifier.

Il est également important de ne pas comparer les enfants entre eux. Par exemple, dire à un enfant : « Regarde les notes de ton frère, il travaille bien, tu devrais faire comme lui » peut sembler anodin, mais de tels propos, bien que non malveillants, peuvent causer beaucoup de tort. Chaque enfant est différent et réagira de manière unique à ces comparaisons. Cela peut engendrer de la compétition, de la frustration, de la jalousie, un conformisme excessif, un manque de confiance en soi, etc.

Éviter le commérage est également essentiel. Si un enfant rapporte ce que son frère ou sa sœur a fait, et que cela ne le concerne pas directement, il faut lui expliquer que ce n'est pas un sujet sur lequel il faut s'attarder. Si c'est une question de sécurité, il faut intervenir, mais autrement, il est préférable de lui expliquer que ce que fait son frère ne le concerne pas directement et l'encourager à parler de ses propres préoccupations.

Enfin, il est primordial de traiter chaque enfant de manière individuelle, en tenant compte de ses besoins spécifiques et de ses moments de qualité avec le parent. Les enfants ne sont pas des numéros à gérer en fonction de leur ordre d'arrivée. Chaque enfant est un être à part entière, avec ses propres caractéristiques, ses désirs, sa volonté et son rythme. Cela doit être respecté.

Quelques solutions pour apaiser la fratrie :

1. **Faire confiance à son enfant :** Chaque enfant possède ses propres centres d'intérêt et sensibilités. Personne n'est bon partout ! Le cerveau se spécialise à mesure qu'il grandit, comme le confirment les neurosciences. Il est important d'observer les faits sans jugement ni interprétation, sans imposer nos craintes ou espoirs à l'enfant.

2. **Écouter et accueillir les émotions de l'enfant :** Même si ce qu'il nous dit ne nous plaît pas, il est important d'accepter ses ressentiments envers son frère ou sa sœur. Cela l'aidera à exprimer ses émotions de manière saine.

3. **Respecter le rythme de l'enfant :** Tous les enfants passent par les mêmes étapes de

développement, mais à des rythmes différents. Il est crucial de respecter ce rythme individuel.

4. **Passer du temps de qualité avec chaque enfant :** Ne pas leur faire faire les mêmes activités en même temps. Chaque enfant doit avoir son espace et ses moments.

5. **Comment réagir lorsque tu es agacé ?** L'agacement est souvent lié à la fatigue et aux responsabilités quotidiennes. Il est essentiel que tu prennes soin de toi, de t'octroyer des moments de détente pour éviter l'irritabilité (massage, randonnée, sport, écouter de la musique, etc.). Cela permet de réagir avec plus de calme et de discernement face aux chamailleries des enfants.

6. **Laisser les enfants gérer leurs conflits :** Laisser les enfants s'exprimer et résoudre leurs différends est une occasion d'apprentissage. Le parent peut observer et intervenir uniquement en cas de réel danger. Il ne faut pas jouer le rôle d'arbitre ni prendre parti. Cependant, il est utile de faire des propositions et d'encourager l'enfant à exprimer ses émotions, en montrant l'exemple. Lors d'un conflit, dire par exemple : je pense que vous pouvez trouver une solution à votre problème, vous savez le faire ! ou encore : je suis étonné que vous n'ayez pas encore trouvé un point d'entente…

7. **Responsabiliser les enfants :** Permettre aux enfants de prendre des initiatives et d'appliquer leurs idées à la maison renforce leur autonomie. Relève chaque initiative et encourage l'enfant. Par exemple, mon fils m'avait fait une surprise un jour. Il a classé des photos qui étaient dans une

enveloppe, dans un album, quand il avait 8 ans. De sa propre initiative. Quand il m'a montré ce qu'il a fait, ses yeux brillaient de joie tellement il était fier de son travail. Ce n'était pas classé comme je le voulais, mais j'étais contente qu'il l'ait fait. J'étais joyeuse avec lui.

8. **Gérer les tâches ménagères de manière équitable :** Un manque d'équilibre dans la gestion des tâches peut être source de disputes. La planification des tâches ménagères est donc utile, et l'âge des enfants doit être pris en compte. Il est également important de les impliquer dans la recherche de solutions quand il y a dispute. Au départ, faire un tableau des tâches en demandant à chaque enfant ce qu'il souhaiterait accomplir comme tâche pour la communauté. Après avoir fait son choix, l'enfant pourra assumer ce qu'il a choisi. Cela limite aussi les disputes. S'il y a néanmoins des conflits, pose des questions à tes enfants : par exemple : que peut-on faire pour que chacun soit satisfait ? Laisse parler les enfants et prendre en compte leurs ressentis et leurs propositions.

9. **Nommer les émotions pour les plus jeunes :** Si un enfant est en colère ou a peur, il est important de l'aider à mettre des mots sur ses émotions : « Tu es en colère ? Tu as peur ? » Cela l'aide à mieux comprendre ce qu'il ressent.

En résumé, il est essentiel de prendre du recul, de comprendre les besoins individuels de chaque enfant, de respecter leurs rythmes et de leur donner des occasions d'apprendre à gérer leurs conflits. Un parent apaisé, respectueux et à l'écoute de ses enfants leur permettra de grandir dans un environnement sain, harmonieux, bienveillant. Dans lequel règnent la paix et la joie !

« L'éducation est un processus naturel chez l'enfant qui n'est pas acquis par les mots, mais par l'expérience de l'environnement. »

Maria Montessori

Chapitre 16 : Gérer l'enfant qui s'oppose

L'opposition n'est pas simplement un caprice ou une provocation : c'est un trouble affectif. Très souvent, elle constitue la meilleure stratégie que l'enfant a trouvée pour s'adapter à un environnement toxique : violences, blessures d'attachement, laxisme éducatif, séparations, négligence, parents stressés ou absents, etc.

Face à cette insécurité, l'enfant construit une carapace pour ne pas trop souffrir. Il se protège, se méfie de l'adulte et développe des mécanismes de défense. Lorsqu'un enfant souffre, cela peut se traduire par différents types de comportements :

L'opposition active : c'est une opposition frontale, marquée par un refus de collaborer, de la provocation, un besoin de contrôle. L'enfant contourne les règles, entre dans le conflit, et cela peut aller jusqu'à des crises, voire des fugues.

L'opposition passive : plus subtile, elle se manifeste par une apparente indifférence ou une lenteur volontaire. L'enfant fait mine de ne pas entendre quand on l'appelle (il met des écouteurs, par exemple), exécute les consignes très lentement ou les repousse en faisant autre chose avant. Il « oublie » les règles, refuse de se réveiller ou de prendre sa douche… autant de résistances silencieuses, mais bien réelles.

Tous ces comportements, qui peuvent sembler anodins ou irritants au quotidien, sont en réalité des signaux d'alarme. L'enfant, à sa manière, exprime un mal-être profond qu'il ne parvient pas encore à dire avec des mots.

J'ai accompagné une jeune fille de 13 ans diagnostiquée avec un trouble de l'opposition avec provocation (TOP). Elle oscillait entre une opposition active (marquée et frontale) et des moments d'opposition passive, plus discrets, mais tout aussi significatifs. C'est souvent le cas chez les jeunes : ils vacillent entre ces deux formes selon les situations ou les personnes en face.

Cette adolescente avait déjà commencé à faire des fugues. Elle n'allait plus à l'école que quelques heures par semaine, tant elle était en conflit avec les enseignants et perturbait la classe. Au quotidien, elle s'opposait à tout, rejetait toute forme d'autorité, et sabotait systématiquement les débuts de lien affectif. Elle pouvait se montrer agressive, verbalement comme physiquement. Beaucoup de professionnels décrivaient sa situation comme « désespérée ».

Pendant plusieurs mois, je l'ai accompagnée avec une posture d'écoute active, sans jugement. Je lui ai offert un espace où elle pouvait retrouver de la valeur, de l'estime d'elle-même, et du temps de qualité. Ensemble, on faisait des choses simples, mais qui lui faisaient du bien : du dessin, de l'écriture, deux activités qu'elle appréciait. On parlait aussi de sujets qui la passionnaient : l'univers, les planètes, l'espace... et même de Dieu.

À force de temps, de présence, de confiance, j'ai découvert une jeune fille extrêmement intelligente, vive, curieuse, hypersensible, mais profondément anxieuse, blessée affectivement. Peu à peu, elle s'est apaisée. Elle a arrêté de fuguer.

Il arrive aussi que l'enfant, face à une douleur répétée, prenne un autre chemin : **la résignation**. L'enfant devient apathique, éteint, sans volonté propre. Il ne prend plus d'initiatives, ne s'oppose même plus... parce qu'il a renoncé. Cette forme est plus silencieuse, mais tout aussi alarmante.

C'est pourquoi il est essentiel que les adultes – parents, éducateurs, enseignants – sachent reconnaître les différentes formes d'opposition. Chaque étape franchie par l'enfant peut être une clé pour comprendre ce qu'il vit intérieurement. Et surtout, pour l'aider avec justesse.

Les formes d'opposition

On distingue ainsi différentes formes d'opposition :

1. **L'opposition simple**

    C'est une étape normale et saine du développement. L'enfant affirme sa volonté, forge son caractère et construit peu à peu sa personnalité. Il apprend à dire « non », à poser ses limites, à tester celles des autres. On retrouve cette forme d'opposition entre 2 et 5 ans, mais aussi à l'adolescence, moments clés où l'enfant prend de la distance avec ses parents pour affirmer ses désirs, ses opinions, sa volonté propre. Quand elle est bien canalisée, cette opposition permet de faire émerger une personnalité forte, autonome, déterminée.

2. **L'opposition problématique**

    Elle devient préoccupante lorsqu'elle est trop fréquente, trop intense, et qu'elle commence à perturber la vie quotidienne à la maison, à l'école, dans les relations sociales. Souvent, à ce stade, l'enfant adopte une opposition passive : lenteurs volontaires, oublis répétés, refus discrets, mais persistants... Le rôle du parent ici est de maintenir un cadre ferme, mais bienveillant, avec des règles claires et constantes. Ce n'est pas toujours facile, mais c'est fondamental pour la sécurité affective de l'enfant.

3. **Le trouble de l'opposition avec provocation (TOP)**

    Quand l'opposition devient omniprésente, ingérable, et s'accompagne de comportements hostiles ou agressifs, on parle de trouble. L'enfant sabote tout : les bons moments, les liens affectifs, les apprentissages. Il est hors de contrôle à la maison comme à l'école. Cela peut aller jusqu'à des expulsions, des agressions, voire de la délinquance. Ici, c'est souvent l'opposition active qui domine. Le parent se retrouve dépassé, surtout s'il a une posture rigide ou s'il se sent impuissant. L'intervention d'un professionnel est alors indispensable.

Je t'explique tout cela pour que tu comprennes la profondeur de ce qui se joue derrière les comportements d'opposition. Quand on comprend, on peut agir en conscience, avec plus de justesse et de recul.

Tu te demandes peut-être maintenant : **« Mais alors, comment agir avec un enfant qui fait des crises ou des caprices ? »**

Je mets « caprices » entre guillemets, parce que ce mot, tel qu'on l'emploie souvent, ne s'applique pas vraiment à l'éducation des jeunes enfants.

Entre 2 et 5-6 ans, un enfant ne fait pas de caprices au sens où on l'entend (manipulation ou volonté de nuire).

Ce qu'on appelle un « caprice » est en réalité l'expression d'un cerveau immature, encore incapable de réguler seul ses émotions.

Quand l'enfant crie, pleure, se roule par terre parce qu'on lui a dit non, ce n'est pas un jeu ni une provocation : c'est un appel à l'aide. Il est submergé par ce qu'il ressent et cherche un adulte pour l'aider à traverser la tempête intérieure.

La première étape, en tant que parent ou éducateur, c'est donc d'apprendre à ne plus se laisser submerger soi-même par ces crises. Un adulte apaisé peut mieux apaiser un enfant.

Quelques exercices à faire pour rester calme lors des crises

Quand ton enfant traverse une « tempête émotionnelle », comme l'appelle la psychothérapeute Isabelle Filliozat, voici ce que tu peux faire :

Commence par faire trois grandes respirations : inspire profondément par le nez, puis expire lentement par la bouche. Ensuite, approche-toi de ton enfant, en te répétant intérieurement cette phrase, proposée par Daniel Lambert, maître en psychologie :

« Je suis désolé que tu vives ce stress. Je ne sais pas d'où il vient ni depuis combien de temps tu le portes en toi, mais aujourd'hui, il explose en crise. Je veux faire en sorte d'alléger ce stress si je le peux. »

Tu peux apprendre cette phrase par cœur et la garder comme un ancrage à utiliser à chaque situation de crise.

Elle va transformer ta posture intérieure et ta manière de réagir face aux débordements émotionnels de ton enfant. Elle te permettra de te connecter à lui de manière empathique et apaisante.

Tu gagneras en recul, tu seras plus disponible émotionnellement, et tu deviendras ce pilier stable et sécurisant dont ton enfant a besoin pour traverser ses tempêtes émotionnelles.

Et si, malgré tout, tu sens que la colère monte en toi, n'hésite pas à prendre un verre d'eau et à le boire très lentement. Ce petit geste simple t'aidera à te recentrer, à faire une pause avant de réagir... et à revenir à ton rôle d'adulte contenant et apaisant.

Tu peux aussi essayer ce petit exercice inspiré de l'EMDR (*Eye Movement Desensitization and Reprocessing*), que j'ai moi-même expérimenté. Il s'agit d'une technique de stimulation bilatérale que tu peux pratiquer chaque fois que tu sens le stress monter.

1. Ferme les yeux et commence par identifier l'émotion que tu ressens : colère, peur, tristesse, frustration...
2. Croise les bras et pose tes mains sur tes épaules.
3. Tapote doucement, en alternance : droite – gauche – droite – gauche. En même temps, lève légèrement les talons un à un, comme si tu marchais sur place.
4. Respire profondément.

    À chaque inspiration (par le nez), imagine une lumière dorée qui entre par le sommet de ta tête.

    À chaque expiration (par la bouche), visualise cette lumière qui emporte toutes les tensions vers l'extérieur.

5. Observe ce qui se passe en toi.

   Ton corps se détend-il ? L'émotion change-t-elle de forme ? Se déplace-t-elle ? S'adoucit-elle ?

Ces stimulations bilatérales alternées activent les deux hémisphères du cerveau, et favorisent le traitement émotionnel. En seulement trois minutes, tu peux réduire significativement ton niveau de stress.

Tu peux pratiquer cet exercice dès que tu en ressens le besoin, et aussi en amont ou pendant une crise.

Une fois que tu te sens plus calme, tu pourras alors rejoindre ton enfant dans sa tempête émotionnelle :

- S'il est jeune, propose-lui un câlin ou un contact rassurant : frotte doucement son dos, prends-le dans tes bras.

- S'il est plus grand, tu peux lui prendre la main, lui proposer un verre d'eau, ou encore un coussin sur lequel il pourra taper pour libérer sa colère.

Ensuite, accueille et reconnais son émotion. Essaye de la nommer avec des mots simples. Parle-lui doucement, ou reste simplement en silence si la crise est trop intense. L'essentiel est ta présence.

Tu peux aussi lui dire que tu comprends ce qu'il ressent, parce que toi aussi tu as déjà vécu cette émotion. Partage alors une petite histoire ou un souvenir personnel où tu as ressenti la même chose, et raconte comment tu t'en es sorti. Cela peut devenir un conte, une manière symbolique et douce de transmettre un message.

Moi, par exemple, je racontais toujours des histoires d'animaux qui parlaient, qui vivaient toutes sortes d'émotions. Parfois j'inventais complètement les histoires, pour capter l'attention de mon fils et l'aider à se détacher un instant de ce qu'il vivait. Ensuite, il parvenait plus facilement à mettre des mots sur ce qu'il ressentait.

Ces différents exercices vont t'aider à installer la sérénité et la paix en toi-même et, par conséquent, dans ta famille, car « quand le parent va bien, tout va bien » !

Chapitre 17 : Préserver la paix au sein de la famille et ANTICIPER !

Chaque être humain, chaque famille, aspire à vivre en paix et en harmonie. Mais ce n'est pas toujours facile. Préserver la paix dans une famille nécessite un effort constant de la part de tous ses membres. Comme dans tout groupe, les conflits et les désaccords sont inévitables. Vouloir la paix et l'harmonie ne signifie donc pas qu'il n'y aura plus jamais de tensions, mais qu'il s'agit de gérer ces moments de manière saine et respectueuse. C'est pourquoi au sein de ce chapitre, je t'offre quelques pistes pour favoriser une gestion apaisée des conflits et créer un environnement familial harmonieux.

1. Créer une culture du pardon

Des erreurs sont parfois commises, des paroles peuvent être échangées sous le coup de la colère, et les malentendus surviennent souvent. Il est essentiel de pouvoir pardonner, d'accepter ses propres torts et de demander pardon lorsque cela est nécessaire. Instaurer une culture du pardon dans la famille permet d'éviter l'accumulation de rancunes, qui peuvent empoisonner les relations.

Le pardon est fondamental, car les membres d'une famille peuvent parfois se blesser involontairement par leurs paroles ou leurs actes. Cela implique de reconnaître ses erreurs, de présenter des excuses sincères, mais aussi d'accepter ses propres imperfections et celles des autres.

2. Être conscient des différences individuelles

Chaque membre de la famille est unique, avec ses besoins, ses sensibilités et sa manière de fonctionner. Prendre conscience de ces différences permet de réduire la compétition et de favoriser la coopération. Cela renforce les liens et évite bien des tensions inutiles.

3. L'importance de l'empathie, de la patience et de la bienveillance

L'empathie, c'est la capacité à comprendre ce que l'autre ressent, même si l'on ne partage pas ses émotions. Dans une famille, cela signifie prendre le temps d'écouter vraiment l'autre, de reconnaître ce qu'il traverse, sans jugement. C'est cette empathie, nourrie de patience et de bienveillance, qui permet de désamorcer les conflits, d'apaiser les tensions et de créer un climat de respect mutuel et de sécurité affective.

4. Anticiper !

C'est, pour moi, le point le plus essentiel. Pour préserver la paix dans une famille, l'anticipation est fondamentale.

Un adage populaire dit : « *On récolte ce que l'on sème* ». Cela s'applique parfaitement à l'éducation. Avant de récolter les fruits de l'harmonie, il faut semer : des routines bienveillantes, des règles claires, un cadre stable, des comportements cohérents. Ce sont toutes ces petites et grandes choses que tu mets en place au quotidien qui feront la différence dans ta vie, et dans celle de ton enfant.

Tu ne peux pas espérer vivre dans l'harmonie si, chez toi, règnent le chaos, le désordre, l'agressivité, la peur ou la terreur. La paix se construit, elle ne s'impose pas. Elle commence par les choix que tu fais chaque jour.

Beaucoup de parents, surtout en Afrique, pratiquent ce que j'appelle du **« terrorisme éducatif »**. Cela signifie qu'ils utilisent systématiquement la violence, qu'elle soit physique, verbale ou psychologique, pour atteindre leurs objectifs éducatifs. Et en même temps, ils souhaitent la paix, l'harmonie, l'obéissance, la douceur. C'est extrêmement paradoxal, incohérent… et absurde. J'en parle longuement dans mon premier livre, *Éduquez sans frapper*.

C'est pourquoi je préconise que certaines choses soient mises en place très tôt, dès le début. Les parents doivent se préparer consciencieusement à l'arrivée d'un enfant, en se formant, en apprenant à mieux se connaître, en faisant un vrai travail émotionnel, en échangeant avec d'autres, en lisant.

Quand tu deviens parent, tu dois anticiper et mettre en place des outils qui te permettent non seulement d'installer la paix, la sérénité et une belle ambiance dans ta maison, mais aussi de créer un cadre bienveillant et ferme. Ce cadre passe par des règles, des routines, et surtout par la cohérence : il faut tenir ce cadre, sans flancher, tout en l'adaptant à l'âge de l'enfant.

5. Établir des règles claires et adaptées

Les règles doivent être adaptées au stade de développement de l'enfant. Elles doivent être efficaces, claires et concises. Par exemple : « on enlève ses chaussures en entrant dans la maison » ou bien « on se lave les mains après être allé aux toilettes. »

Mais surtout, l'enfant doit comprendre le sens de la règle. Tu dois être capable de répondre au fameux « Pourquoi ? » Pourquoi faut-il se brosser les dents ? Pourquoi doit-on se laver les mains ?

Cette réflexion te permettra aussi de clarifier les choses pour toi-même. Car souvent, on reproduit des gestes ou des règles simplement parce que « tout le monde fait comme ça » ou « ça a toujours été comme ça ». Or, quand une règle a du sens pour toi, tu seras convaincu... et donc plus constant et moins épuisé dans son application.

Il est aussi important de remettre certaines règles en question quand elles ne sont plus utiles ou quand l'enfant grandit. Et surtout : respecte toi-même les règles que tu poses. Souviens-toi que, si tu ne les appliques pas, ton enfant ne le fera pas non plus.

Pour cela, on voit ensemble comment créer une règle. Premièrement, on part du « pourquoi » d'une règle ou d'une consigne. Cela donne du sens à l'enfant, augmente sa motivation et favorise la coopération. Donne une consigne à la fois et utilise des tournures positives, car le cerveau de l'enfant comprend mal la négation. Par exemple, au lieu de dire : « ne viens pas dans la cuisine » dis plutôt « reste dans le salon. »

Puis, tu peux ajouter une touche d'humour. Un allié précieux dans la parentalité. Si, par exemple, ton enfant traîne à s'habiller le matin, tu peux transformer ce moment en jeu : deviens « l'automate magique » qui habille à toute vitesse toutes les personnes qu'il voit !

Autre exemple : s'il refuse d'aller à la douche, fais de ce moment un instant de plaisir. Pour les plus petits : autorise-les à prendre une poupée ou un jouet dans la douche. Pour les plus grands : place la douche juste avant un moment qu'il apprécie (temps d'écran, jeu, repas). La condition claire devient alors : d'abord la douche, puis le moment attendu.

Enfin, pense à adapter l'espace à l'enfant avec des chaises à sa taille qu'il peut déplacer. Un tabouret pour atteindre l'évier. Ou encore un espace de rangement à sa hauteur pour qu'il puisse ranger ses affaires seul. Le tour est joué !

Chaque membre de la famille doit aussi avoir son espace personnel, où il est libre (comme la chambre d'un ado, par exemple), tout en veillant à ce que les espaces communs restent propres et bien rangés.

6. Montre à ton enfant que tu l'aimes

Et surtout, surtout : aime ton enfant et montre-lui ton affection.

À ce sujet, beaucoup de parents disent : « Bien sûr que j'aime mon enfant, et il le sait. » Mais non, il ne le sait pas si tu ne le lui montres pas, et surtout si vos échanges se limitent à des ordres, des consignes et au respect des règles.

Si tu n'exprimes pas ton affection à travers des gestes, des mots, des moments partagés, ton enfant peut se sentir en insécurité affective. C'est comme acheter un paquet de chocolat et le poser bien en vue dans la maison... sans jamais l'ouvrir. Tout le monde voit le paquet, mais personne ne sait quelle est sa saveur ou sa texture. C'est en déballant le paquet, en montrant activement ton amour, que ton enfant pourra réellement s'épanouir.

Les démonstrations d'affection varient selon les cultures, c'est vrai. En Afrique, par exemple, beaucoup de parents pensent que nourrir, vêtir et scolariser un enfant suffit à lui montrer qu'on l'aime. Mais non : ce sont des besoins primaires, des droits fondamentaux de l'enfant, que tout parent a la responsabilité légale de satisfaire. Cela ne suffit pas à combler ses besoins affectifs.

Tout d'abord, anticipe les potentiels problèmes du quotidien pour alléger ta charge mentale, ce qui te rendra plus disponible, plus patient et plus présent pour tes enfants.

Pour cela, commence par te poser cette question : « de quoi ai-je besoin pour que la maison fonctionne bien ? » Organise-toi, planifie, délègue. Fais une liste des tâches à accomplir, répartis les rôles entre les membres de la famille. Implique les enfants dès le plus jeune âge, en adaptant les tâches à leurs capacités. La pédagogie Montessori, par exemple, recommande d'adapter l'environnement à l'enfant : petites chaises, tables à sa taille, étagères accessibles...

Tu dois aussi accepter de déléguer... et, surtout, lâcher prise sur la qualité du résultat. Dans ce domaine, le perfectionnisme est ton ennemi. Chacun doit savoir ce qu'il a à faire, à sa manière, avec une certaine autonomie. Tu peux faire des rappels ponctuels, mais évite le contrôle constant.

Concentre-toi sur l'essentiel : ce qui est vraiment prioritaire. Et n'oublie pas : personne ne peut deviner tes besoins. Apprends à les exprimer clairement : « je suis fatigué ce soir, est-ce que quelqu'un pourrait m'aider à... » Puis, clarifie tes demandes et pose un cadre simple.

Tes consignes et tes règles doivent être claires, précises et concises.

7. Mettre en place des temps d'échange en famille

C'est un moment régulier où toute la famille se retrouve pour discuter calmement : de ce qui fonctionne ou non dans l'organisation, des comportements qui posent problème, des solutions à mettre en place ensemble, pour que tout le monde se sente bien.

Ce moment doit aussi être agréable et convivial : une vraie causerie de famille, avec bienveillance et humour. C'est l'occasion de renforcer les liens, d'apprendre à s'écouter, et de partager un vrai temps de qualité ensemble.

Prendre un temps pour échanger en famille, en dehors des repas ou des activités du quotidien, permet de traiter les préoccupations de chacun avant qu'elles ne deviennent de vrais problèmes. Ce type de communication ouverte donne à chaque membre l'occasion d'exprimer ses sentiments, ses inquiétudes, ses joies, dans un cadre sûr et respectueux. Cela évite l'accumulation de frustrations ou de malentendus.

Libre à toi de structurer ce temps selon ta créativité et les besoins de ta famille !

Une variante est aussi possible, **ce sont les « temps de pause »**.

Il est essentiel de créer, dans la maison, des moments de calme, où personne ne se sent pressé, stressé ou bousculé. Cela peut être très simple : partager un moment de silence, se retrouver dans une pièce tranquille pour lire, profiter d'un moment sans écran, se reposer sans objectif précis, jeux libres sans parent.

Ces temps permettent à chacun de se recentrer, de retrouver son calme intérieur. Et surtout, laisser à l'enfant la liberté d'explorer, de s'ennuyer, d'imaginer, de créer... selon son âge. Ce sont des instants très riches, souvent sous-estimés.

L'ensemble de ses temps de qualité en famille sont essentiels. Ces moments partagés créent des souvenirs communs, renforcent l'attachement et permettent de mieux comprendre les besoins et les émotions de chacun. Cela peut aussi passer par : un repas partagé, un jeu de société, une discussion ouverte, une sortie ou des vacances en famille.

Plus les liens émotionnels sont forts, plus la famille devient **unie, résiliente et solidaire**.

8. Instaurer des rituels familiaux

Au-delà des temps d'échanges, tu peux mettre en place des rituels. Ces derniers sont des habitudes régulières qui donnent du sens, structurent le quotidien, renforcent les liens et créent un sentiment d'appartenance. Vous formez une équipe !

Par exemple : une soirée sans écran par semaine, un moment de lecture collective le soir, le câlin du matin, un moment de gratitude en fin de journée, une présentation faite par les enfants chaque week-end...

Personnellement, j'avais instauré un « Family Time » tous les dimanches quand mon fils était plus jeune. On faisait une randonnée, un jeu, une séance cinéma à la maison (avec tout le décor : pop-corn, rideaux fermés, lumière tamisée, etc.).

Quelques rappels précieux

Avant de terminer, voici quelques principes simples, mais puissants à garder en tête au quotidien. Ce sont de petits gestes, de petites attentions, qui, mis bout à bout, font toute la différence dans l'équilibre, la confiance et l'amour au sein de la famille.

- Un **enfant qui se comporte mal est souvent un enfant découragé**. Utilise l'encouragement pour renforcer son sentiment d'appartenance.
- **Planifie du temps « dédié » pour chaque enfant**, si tu en as plusieurs, et aussi du temps avec eux, tous ensemble.
- **Partagez chaque jour** ce que vous avez aimé… et ce que vous avez moins aimé.
- **Laisse ton enfant faire seul** ce qu'il est capable de faire.
- Apprends-lui que **les erreurs sont de formidables opportunités d'apprentissage**.
- Concentre-toi sur les **solutions**
- **Amusez-vous !** Ajoute de l'humour, inventez des slogans familiaux, jouez, échangez les rôles de temps en temps…

CONCLUSION

Cher parent,

Te voici arrivé au terme de ce livre. J'espère que cette lecture t'a nourri, éclairé, et que tu repars mieux équipé pour accompagner ton enfant dans ce monde en perpétuelle évolution.

Si je devais te laisser avec une seule idée essentielle, ce serait celle-ci : **nous avons changé d'époque… et les enfants aussi ont changé.** Les méthodes éducatives d'hier ne suffisent plus à répondre aux besoins des enfants d'aujourd'hui. Ces enfants sont différents, plus sensibles, plus conscients, souvent plus connectés à leur essence profonde. Ils sont venus pour bousculer nos repères et nous faire évoluer avec eux.

C'est pourquoi **l'éducation du 21e siècle doit être holistique** : elle ne peut plus se limiter à la gestion du comportement ou au développement intellectuel. Elle doit prendre en compte **la globalité de l'être,** y compris sa dimension spirituelle et ses corps invisibles.

Aucun parent n'est parfait. Et personne ne te demande de l'être. Mais ce que tu peux faire, c'est avancer **avec un cœur et un esprit ouvert**, prêt à apprendre, à s'ajuster, à grandir… avec l'aide de ton enfant, des outils disponibles, et de ton propre cheminement spirituel, intérieur.

Ton enfant est un être spirituel venu expérimenter la vie dans la matière. Et pour cette aventure, il t'a choisi comme guide.

Alors, laisse-moi te poser quelques questions essentielles :

Vas-tu lui faire oublier d'où il vient et qui il est ?

Ou vas-tu l'aider à garder le lien avec sa nature profonde ?

Et toi, où en es-tu avec ta propre spiritualité ?

Ces questions sont capitales, elles touchent à **l'essence même de l'éducation des enfants d'aujourd'hui**.

Trouver le juste équilibre est fondamental.

Un cadre trop strict étouffe.

Un cadre trop permissif désoriente.

L'éducation bienveillante offre une base solide, mais elle ne suffit plus à elle seule. Pourquoi ? Parce que l'enfant n'est pas seulement un corps et des émotions. Il est aussi, profondément, une âme incarnée.

C'est là que prend tout son sens **l'éducation spirituelle**. Associer éducation bienveillante et éducation spirituelle, c'est créer une éducation de la conscience, une éducation qui élève, qui équilibre, qui guide. C'est créer une éducation qui t'élève pour élever les enfants nouveaux, les enfants d'aujourd'hui !

Et pour t'accompagner sur ce chemin, j'ai conçu une méthode simple et accessible : **la méthode C.A.P.E.**, pensée spécialement pour les parents qui veulent devenir des guides inspirants, conscients et alignés.

Voici ce qu'elle contient :

C – Connaissance de soi : travail sur l'état d'esprit de l'adulte, la gestion des émotions, les croyances limitantes, les héritages transgénérationnels, la prise en charge de son enfant intérieur, la reconnexion à soi et le « prendre soin de soi ».

A – Amour : apprendre à manifester l'amour au quotidien, découvrir les langages de l'amour, cultiver l'amour inconditionnel et une spiritualité vivante.

P – Présence (disponibilité) : comprendre les besoins réels de l'enfant, offrir une présence de qualité et mettre en place un cadre sécurisant.

E – Empathie : développer l'écoute de soi et de l'autre, accueillir les émotions à travers des outils concrets (jeux de rôle, théâtre, lecture, méditation, etc.).

Tu n'es pas seul sur ce chemin. Et n'oublie jamais : tu es déjà un parent extraordinaire, simplement parce que tu choisis d'avancer en conscience.

Incarne cette parentalité qui honore autant tes besoins que ceux de ton enfant.

L'éducation de demain commence aujourd'hui… grâce à toi.

REMERCIEMENTS

J'exprime, ici, ma reconnaissance à Mistral, Philippe, Désiré, à toute la famille pour les échanges inspirants et les discussions stimulantes que j'ai eu avec chacun. Merci de votre soutien lors de mes périodes d'écriture pendant lesquelles je suis moins disponible.

Je remercie aussi ma collègue et amie Christine M qui m'aide souvent pour la relecture et tous les autres collègues éducateurs.

Ma gratitude va aussi vers mes amis de la RCO qui m'ont permis d'animer des colonies spirituelles dans différents pays du monde.

Merci à tous les parents qui m'ont fait confiance pour leur accompagnement et MERCI à tous les enfants pour leur enthousiasme et leur joie de vivre.

BIBLIOGRAPHIE :

Bourbeau Lise, *Les 5 grands besoins des enfants nouveaux*, ETC, 2023.

Cabobianco Flavio, *Je viens du Soleil*, Auréas Éditions, 2003.

Magazine Pentagramme, Éditions du Septénaire, 1999.

À PROPOS DE L'AUTEURE

Maman, épouse, éducatrice, sophrologue et coach parental, je suis passionnée par l'humain et son chemin de vie. Depuis l'enfance, les grandes questions existentielles nourrissent mes réflexions, m'amenant à explorer en profondeur les liens entre l'éducation, le développement spirituel, personnel et la quête de sens. J'accompagne les parents qui veulent élever leur conscience pour élever leurs enfants dans l'harmonie, la bienveillance et la fermeté. J'anime aussi différents ateliers pour enfants (sophrologie ludique, atelier Jeunes Ingénieurs, etc.).

Mon engagement vise à offrir aux familles des outils concrets pour grandir ensemble, en paix avec soi-même et les autres.

Auteure de plusieurs livres de contes et d'un ouvrage sur l'éducation *Éduquez sans frapper*.

DE LA MEME AUTEURE

COORDONNEES

Facebook : Coach Patience MEKONG

Instagram : Coach Patience MEKONG

E-mail : patience.montjotin@gmail.com

Retrouvez mon Facebook ici :